청소년을 위한 미디어 탐구

이창호 저

Hello

Ai

지금

챗GPT 시대

청소년을 위한
미디어 탐구

챗GPT 시대
청소년을 위한
미디어 탐구

지은이	이창호
펴낸이	김지연
펴낸곳	지금
초판1쇄	2023년 9월 25일
등록	제319-2011-41호
주소	06924 서울특별시 동작구 장승배기로 128, 305호(노량진동, 동창빌딩)
전화	(02)814-0022 FAX (02)872-1656
홈페이지	http://www.papergold.net
ISBN	979-11-6018-370-2 43330

미디어 교육에 대한 관심이 높아지면서 관련 서적도 봇물처럼 쏟아지고 있습니다. 하지만 청소년의 눈높이에서 미디어를 쉽게 설명한 책은 드문 실정입니다. 더구나 대부분의 책들이 미디어 현장의 생생한 이야기를 소개하지 못한 채 접근하고 있습니다.

이 책은 몇 가지 점에서 기존의 책들과 차이가 있습니다. 첫째, 필자가 잘 아는 선후배, 동료 기자들과의 면담을 통해 **생생한 기자들의 이야기**를 담았습니다. 대부분 기자 경험이 20년 이상인 분들이어서 기자의 역할과 책임, 뉴스 보도의 원칙 등에 대해 자신들의 경험을 자세하게 설명하였습니다. 둘째, 필자가 **최근 연구한 청소년들의 미디어 이용에 관한 연구 결과를 소개함**으로써 독자인 청소년들이 자신들의 미디어 이용 행태를 쉽게 이해하도록 하였습니다. 셋째, 최근 강조되고 있는 **미디어 리터러시에 대한 풍부한 설명**을 담았습니다.

이를 위해 청소년들이 미디어를 비판적으로 이해하려면 무엇을 해야 할지 자세히 설명하였습니다. 특히 메타버스, 챗GPT 등 최신 기술을 잘 활용할 수 있는 정보를 제공하였습니다. 넷째, 청소년들이 미디어와 관련하여 생각해 볼 만한 내용을 '생각해 볼까요?' 형식으로 틈틈이 담았습니다. 이를 통해 청소년들이 미디어의 기능이나 역할 등에 대해 진지하게 고민할 수 있는 기회를 제공하였습니다.

미디어 리터러시(미디어 문해력) 역량은 디지털 시대에 청소년들이 갖춰야 할 필요 역량으로 이미 세계적으로 그 중요성이 강조된 바 있습니다. 이 책을 통해 청소년들이 미디어를 체계적으로 이해함으로써 미디어를 올바르게 활용할 수 있는 능력을 함양하기를 기대합니다. 미디어에 대한 비판적 안목이 형성될 때 가짜뉴스나 허위조작정보가 설 자리는 없어지고 우리 사회의 건강한 소통과 담론이 확산될 수 있습니다.

목차

1

CHAPTER

챗GPT 시대
청소년을 위한 미디어 탐구

미디어란 무엇일까요?

이 장은 미디어가 무엇인지 살펴봅니다.

아울러 미디어가 우리 사회에서 어떤 기능을 하는지 분석합니다.

미디어 경험담

미디어는 무엇일까요? 제가 살면서 경험했던 일을 공유하는 것으로 이야기를 시작해 보겠습니다.

에피소드 1

어렸을 때 저희 집에 TV가 없어서 동네의 TV가 있는 집에서 TV를 봤습니다. 저 같은 경우가 많아서 TV 있는 집에 갈 때면 동네 친구, 선후배 등 여러 명이 함께 한자리에 모여 TV를 시청했습니다.

당시 인기리에 방영되었던 6.25 전쟁을 다룬 〈전우〉나 축구, 복싱 등 스포츠 경기를 주로 봤던 것 같습니다. 이후 저희 집에도 흑백 TV가 생겨 굳이 남의 집에 가지 않고 맘놓고 TV를 봤던 기억이 납니다.

1960~70년대만 해도 부피가 크고 두껍고 무거운 브라운관 방식의 TV를 보았답니다.

에피소드 2

제가 사는 마을에 집 전화가 들어온 때가 고등학교 시절이었습니다. 그 전에는 마을 이장 댁에 전화가 있어서 이장이 마이크로 누구누구 집 전화 왔다고 알리면 재빨리 이장 댁으로 가서 전화를 받았습니다. 이장 댁과의 거리가 거의 몇백 미터는 되었기 때문에 전화를 받기 위해 열심히 뛰어갔던 기억이 납니다. 물론 전화 왔다는 이야기를 듣지 못하면 자동으로 전화는 끊어졌지요. 상황이 이렇다 보니 농사일을 하는 도중에 전화를 받으러 뛰어가는 진풍경이 여기 저기서 벌어지기도 했습니다. 이후 각 가정에 전화가 개설되면서 이런 불편함은 없어졌지요. 저는 어려서 잔심부름을 많이 했는데 전화가 들어오기 전에는 일일이 집으로 방문했습니다. 하지만 전화 덕분에 그런 수고는 할 필요가 없어졌지요.

옛날에는 다이얼 방식으로 된 검정색 전화기를 집집마다 사용했어요.

에피소드 3

1996년 1월 기자 생활을 처음 시작할 때 제가 회사로부터 지급 받은 것은 노트북 한 대와 삐삐였습니다. 지금은 휴대전화가 있어 원하는 사람과 바로 통화할 수 있지만 당시 휴대전화는 매우 비싸서 일부 계층만 사용하고 있었습니다. 삐삐는 수신만 가능한 기기로 삐삐가 울리면 상대방의 연락처가 입력돼 나타납니다. 그러면 주변 공중전화로 가서 상대방에게 연락하게 되죠. 급하게 전화를 요청한 경우는 8282('빨리빨리'란 뜻)를 전화번호 뒤에 붙이기도 했습니다.

2000년대 초 노트북은 매우 고가의 장비였고, 삐삐는 2000년대 초까지 잠깐 사용되다가 휴대전화 등장으로 사라져 버렸죠.

에피소드 4

2000년대 초, 미국 유학 시절 이야기입니다. 당시 유학생들에게 고국의 미디어를 접할 수 있는 방법은 한인 마켓에 가서 비디오를 빌려보는 것이었습니다. 학기가 끝나 방학이 되면 저는 수십 개의 비디오를 빌려보곤 했습니다. 드라마의 경우 보통 20개 정도 빌려보는데 한 편이 끝나면 다음 편이 궁금해져서 끼니도 거르고 계속봤던 기억이 납니다. 마켓은 늘 유학생들로 붐볐고 고국에서 인기리에 방송되는 드라마나 영화를 보기 위해 비디오를 빌려보는 경우가 많았습니다. 이미 방영이 끝난 드라마였지만 뒤늦게라도 처음부터 끝까지 한꺼번에 볼 수 있다는 것이 신기하고 재미있었습니다. 덕분에 타국에서의 외로움을 조금이나마 달랠 수 있었죠.

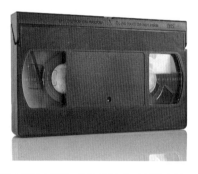

VCR로 재생하던 시절의 비디오 테이프입니다. 소설책만 한 크기였답니다.

이처럼 미디어는 저와 삶을 같이 살아오면서 소중한 경험과 역할을 해왔습니다.

미디어의 개념 정의

미디어는 메시지를 대중에게 전달하는 수단을 일컫는 말입니다. 메시지가 만들어져 대중에게 전달되기 위해서는 그 메시지를 전달할 도구가 필요한데 그것이 바로 미디어입니다. 즉 미디어는 메시지 전달을 매개하는 역할을 합니다.

그럼, 메시지가 수용자(메시지를 받아들이는 사람)에게 전달되는 과정을 살펴보기로 하죠. 먼저 메시지를 보내는 사람이 필요합니다. 당연히 메시지를 받아들이는 사람도 존재하겠죠. 더불어 메시지를 전달하는 도구도 필요합니다. 이 도구가 바로 미디어인 것입니다.

조선시대 때 불과 연기를 이용해 적의 침입을 대중에게 알리기 위해 사용한 봉화도 넓게 보면 미디어의 범주에 속합니다. 저의 유학 시절에 고국의 드라마를 보기 위해 VCRVideo Cassette Recorder로 비디오를 봤는데 이것도 미디어에 해당합니다. 전화도 개인의 대화 메시지를 타인에게 전달하는 중요한 수단인 미디어입니다. 여러분이 즐겨 이용하는 카카오톡도 미디어입니다. 특히 카카오톡은 일대

일로 소통이 이뤄질 뿐 아니라 단체 대화방을 개설할 수 있어 여러 사람이 함께 소통하는 것이 가능합니다. 청소년 여러분들이 즐겨 사용하는 소셜 네트워크 서비스(Social Network Service, SNS)도 기본적으로 개인과 개인을 연결하는 미디어입니다. 누구나 친구 관계를 맺고 소통한다는 측면에서 개인 간 커뮤니케이션을 촉진하는 중요한 미디어라 할 수 있죠. SNS상에서 그룹을 만들어 소통하면 개인과 집단 간의 소통이 활성화됩니다. 이처럼 미디어는 개인과 개인, 개인과 집단을 연결하는 매개체로서 중요한 역할을 하고 있습니다.

미디어는 끊임없이 진화하며 발전합니다. 과거에는 집전화가 중요한 역할을 했지만 이제는 누구나 개인 휴대전화인 스마트폰을 갖고 있는 세상이 되었습니다. 옛날에는 TV를 동네 사람들이 함께 모여서 봤지만, 이제는 스마트 기기로 언제 어디서든지 각자 TV를 볼 수 있게 되었습니다. 시간과 장소의 제약이 없어진 거죠. 예전에는 외국 드라마를 녹화해서 봤지만 이제는 외국 드라마도 실시간으로 인터넷을 통해 볼 수 있습니다.

요즘은 메타버스, ChatGPT(이하 챗GPT) 등의 이야기를 많이 하지만 앞으로 또 어떤 미디어가 생겨날지 기대가 되네요. 새로운 미디어는 기존 미디어의 단점을 극복하면서 끊임없이 진화하며 발전하기 때문입니다.

미디어의 역할

미디어의 순기능(긍정적 기능)

이제 미디어 없이는 살기 힘든 세상이 되었습니다. 그렇다면 미디어는 우리의 삶에서 어떤 역할을 하며 어떤 좋은 점이 있을까요?

미디어는 우리가 살아가는 데 있어서 필요한 중요한 정보를 제공합니다. 만약 미디어가 없다면 우리는 우리 주변에서 어떤 일이 벌어지는지 전혀 알지 못할 것입니다. 신문, 잡지, TV도 없는 곳에서 과연 살 수 있을까요? 여러분이 좋아하는 스마트폰이 없는 세상을 상상이나 할 수 있을까요? 여러분들은 궁금한 것이 있을 때 어떻게 하나요? 부모님이나 선생님에게 물어보는 사람도 있겠지만 대부분 포털 사이트를 검색하거나 유튜브를 찾아볼 것입니다. 아침에 일어나면 스마트폰으로 오늘의 날씨를 검색하게 되고 밤새 어떤 일이 있었는지 찾아볼 것입니다.

미디어는 우리를 즐겁고 행복하게 합니다. 입시 위주의 교육환경에서 생활하는 청소년 여러분들에게 미디어는 학업 스트레스를 해소하는 중요한 수단이기도 하죠. 공부를 하는 순간은 힘들지 모르지만 스마트폰으로 게임을 하거나 재미있는 유튜브 영상을 보면 이내 즐거워집니다.

미디어는 사회의 모든 부문이 제대로 잘 작동하는지를 감시하는 기능을 합니다. 뉴스미디어가 대표적이라 할 수 있죠. 부실시공으로 인한 문제점을 지적하거나 정치인의 부정부패나 비리를 폭로하고 이를 공론화할 수 있는 것은 뉴스미디어의 덕분이죠. 예를 들어, 고위공직자의 부동산투기문제를 언론이 집중적으로 보도한다고 합시다. 이렇게 되면 이 문제가 공론화돼 고위공직자의 부동산투기를 사전에 차단할 수 있는 법적, 제도적 시스템이 만들어지고 관련자들에 대한 처벌이 강화됩니다. 여름철의 경우 캠핑족이 많은데 쓰레기를 치우지 않고 그대로 가는 경우가 많습니다. 이러한 원인 중의 하나가 지방자치단체의 관리·감독의 부실이라는 것이 밝혀졌을 경우 이를 언론이 지적하면 관할 지방자치단체의 관리가 강화돼 쓰레기를 함부로 버리는 사례가 줄어들 수 있죠. 이처럼 뉴스미디어는 사회의 여러 곳곳을 감시함으로써 사회가 정상적으로 굴러갈 수 있도록 정부나 공공기관을 견제하고 감시하는 기능을 합니다.

미디어가 사회의 감시기능을 하는 사례로 필자가 기자를 막 시작했을 때 겪은 이야기를 들려드리겠습니다. 당시 한강공원에서 주차장 유료화를 위해 공사를 하고 있었습니다. 기자정신에 공사가 잘되고 있을까 확인하기 위해 개장 하루 전 공원을 방문한 적이 있습니다. 그런데 제대로 차선도 안 그어져 있고 공사 자재들이 주차장 한쪽에 어지럽게 널려져 있었습니다. 그래서 바로 이러한 상황을 알리는 기사를 썼습니다. 다음날 기사가 나가고 난 후 혹시나 해서 다시 한 번 현장을 방문하였습니다. 공사장 인부들이 나와 열심히 일을 하고 있더군요. 그래서 호기심에 제가 쓴 기사를 아느냐고 물어보니 그 기사 덕분에 우리가 이렇게 열심히 일하고 있다고 하면서 저에게 기사 잘 썼다고 오히려 칭찬을 해줬습니다. 인부들이 보기에도 그만큼 공사 현장이 문제가 많았다고 느낀 것이죠. 기자들이 열심히 취재해서 사회가 바뀌는 경우가 매우 많습니다. 자기가 쓴 기사 한 줄 때문에 사회의 문제가 해결되는 순간 기자들은 큰 보람을 느끼죠. 이게 바로 언론의 힘이고 그래서 언론이 제대로 서야 사회가 제대로 작동하게 되는 것입니다.

미디어는 사회가 위험에 대처하는 능력을 길러줍니다. 미디어는 지진이나 산불, 홍수 등 자연재해에 시민들이 어떻게 대처할 것인지를 자세하게 알려줍니다. 최근 몇 년간 전세계를 강타하고 있는 코로나19의 경우를 예로 들어보죠. 미디어는 코로나19를 예방하기 위한 방역수칙이나 치료법 등을 상세히 알려줌으로써 대중이 유례없는 감염병의 위기에 대처할 수 있는 방법을 알 수 있도록 합니다.

  미디어는 사회가 직면하고 있는 공공적인 사안이나 이슈에 관해 토론하고 논의하는 공론장의 역할을 합니다. 시사토론 프로그램이나 시사프로그램은 우리 사회의 그늘진 곳을 조명하거나 주요 이슈나 사안에 관한 전문가의 견해를 제공함으로써 주요 현안 이슈에 대한 다양한 해결책을 공론화하고 있습니다. 미디어가 공공 이슈를 논의하는 역할을 한 예를 들어보겠습니다. 지난 2019년 말 선거 연령이 18세로 하향되었습니다. 고3 학생들도 투표에 참여할 수 있는 길이 열리게 된 것이죠. 당시 언론은 이 문제에 많은 관심을 보였습니다. 고등학생이 투표를 한다는 것 자체가 매우 충격적인 일이었습니다. 당시 우연히 TV를 켰는데 대전의 한 방송국에서 청소년 패널 네 명을 초대해 놓고 토론하는 장면이 나왔습니다. 사실 청소년들이 시사 TV에 출연하는 것 자체가 아직은 쉽지 않은 것이 현실입니다. 저는 이 방송을 보면서 매우 충격을 받았습니다. 미디어의 공론장 역할이 바로 이런 것이구나 하는 것을 깨닫게 되었죠.

[대전 MBC][시시각각] 청소년 정치 원년, 활성화의 길은?

    만 18세부터 투표를 할 수 있게 되면서 고3 학생들의 관심이 높아졌습니다. 여전히 기성세대들은 청소년이 미성숙하고 정치적 식견이 모자란다고 생각할지 모르지만 이제 청소년들은 정치의 주체로서 우뚝 서고 있습니다. 이런 점에서 방송국이 나서서 청소년 유권자의 목소리를 듣고 청소년 정치 참여를 촉진하기 위한 프로그램을 만들었다는 것 자체가 매우 고무적인 일입니다. 앞으로도 청소년들이 자주 TV에 출연하여 자신들의 목소리를 냈으면 좋겠습니다. 특히 청소년들과 직접적으로 연관된 주제(수능 시험 개편, 학교 교육과정 개편, 학교 폭력 문제 해결 등)로 토론을 할 때는 청소년들이 꼭 패널로 참여했으면 합니다.

미디어의 역기능(부정적 기능)

미디어는 우리 사회를 윤택하게 하는 윤활유 역할을 하기도 하지만 부작용도 많습니다. 대표적인 역기능 중의 하나가 미디어 과의존이나 중독입니다. 이미 미디어는 우리 삶의 상당 부분을 차지하고 있습니다. 하루에 얼마나 많은 시간을 미디어를 이용하는 데 보내고 있는지 스스로 점검해 봅시다. 미디어에 너무 많은 시간을 보내다 보면 학업도 소홀할 수 있고 바깥에서 운동을 하거나 노는 시간이 줄어들 수 있습니다.

스마트 기기를 시간 가는 줄 모르고 사용하는 경우가 많죠?
자칫하면 미디어 중독에 빠질 수 있어요.

또 하나의 문제점은 미디어를 통해 허위조작 정보나 근거가 없는 유언비어, 타인을 비방하는 혐오표현 등이 확산될 수 있다는 것입니다. 더구나 편향된 뉴스 정보가 확대되고 재생산될 가능성이 있어 정보에 대한 올바른 판단을 내리기가 점차 어려워지고 있습니다. 최근 소셜 미디어의 확산으로 소셜 네트워크를 통해 뉴스나 시사정보를 알게 되는 청소년들의 사례가 많아지고 있습니다. 이에 따라 청소년들도 가짜뉴스의 위험에 노출될 가능성이 점차 커지고 있습니다. 특히 비판적 미디어 리터러시 역량이 부족한 청소년들의 경우 정보를 제대로 검증하거나 확인하지 않고 이를 수용할 가능성이 커서 가짜뉴스나 허위정보를 진실로 믿을 여지가 많습니다.

더욱 심각한 문제는 미디어가 여러분과 같은 젊은 세대에게 환상을 심어줄 수 있다는 것입니다. 예를 들어, 언론이 일부 유튜버들의 고수익을 보도한다고 합시다. 이런 보도를 접한 독자나 시청자들은 '나도 유튜브를 통해 큰돈을 벌 수 있겠구나.'라는 환상을 가질 수 있습니다. 실제로 유튜브를 운영하면서 많은 돈을 버는 이들은 극소수이고 대부분의 유튜버들은 적은 수입으로 생활하고 있는데도 말이죠.

매년 대학수학능력시험에서 최고 성적을 올린 학생들을 대상으로 인터뷰를 하는데 자주 나오는 대답이 "학교 공부에 충실했다."입니다. 이런 보도를 자주 접하다 보면 학교 공부만 충실히 하면 수능을 잘 볼 수 있다는 환상에 사로잡힐 수 있습니다. 앞으로는 수능 최고점을 받은 학생이 어떻게 학업 관리를 했는지를 충분히 취재한 후에 인터뷰를 내보냈으면 좋겠습니다.

미디어는 또한 고정관념을 강화하는 역할도 합니다. 인기리에 방영된 넷플릭스 드라마 〈수리남〉은 실존했던 마약왕 이야기를 다루고 있는데요. 문제는 방송이 나가자 수리남 정부가 방송이 자국을 마약 국가로 묘사하고 있다며 법적 조치를 하겠다고 한 점입니다. 직접 국가 이름을 드라마 제목으로 사용한 것은 다소 논란의 여지가 있어 보입니다. 이 방송을 본 시청자들은 수리남이라는 국가에 대해 좋은 이미지보다 나쁜 이미지를 가질 가능성이 많습니다. 즉 시청자들은 마약거래 온상지로서의 수리남이라는 기존의 고정관념을 더욱 강화시킬 수 있다는 것이죠.

드라마를 보면 여성이 가사 일을 도맡는 경우가 많습니다. 여성이 주로 식사를 준비하거나 설거지를 하는 장면이 많이 등장합니다. 이런 장면이 계속 방영되다 보면 여성이 가사 일을 도맡아야 하는 고정관념이 더욱 강화될 수 있습니다. 하지만 시대는 변했습니다. 설거지를 하거나 요리를 하는 남성들도 점차 늘어나고 있습니다. 가

사 일에 적극적으로 참여하는 남성의 모습이나 가사일을 분담하는
장면도 방송에 자주 등장해야 할 것 같습니다.

미디어에서 묘사하는 모습을 보면서 고정관념을 키울 수 있어요.

  미디어는 현실을 과장할 수도 있습니다. 예를 들어, 언론이 일부
업체가 만든 불량만두의 제조 과정 및 유통실태를 지적했다고 하죠.
이런 보도가 나가면 사람들은 만두 사 먹는 것을 꺼리게 됩니다. 언
론이 불량만두의 유해성을 부각시키다 보니 우리가 먹는 만두가 다
문제가 있을 수 있다는 과장된 인식을 심어줄 수가 있는 것이죠. 이
런 보도를 할 때는 불량만두를 제조하고 유통시키는 것이 일부 업체
의 문제라는 사실을 부각시켜야 하겠죠. 동시에 다른 업체가 만든
만두는 아무런 이상이 없다는 사실을 강조할 필요가 있습니다.

미디어 효과

미디어가 대중에게 미치는 효과는 매우 큽니다. 대표적인 미디어 효과 이론인 의제설정이론을 통해 미디어가 우리 사회에 미치는 효과에 대해 살펴보겠습니다. 쉽게 말해 이 이론은 미디어가 어떤 이슈를 중요하게 부각시키면 대중도 그 이슈가 중요하다고 여긴다는 것입니다. 이 이론의 기본적인 가정은 미디어는 대중이 사회적 이슈에 대해 어떻게 생각할 것인지에 영향을 미친다는 것이죠. 예를 들어볼까요. 가령 뉴스미디어가 경제위기를 강조한다면 대중도 경제위기가 우리 사회의 중요한 이슈라고 여긴다는 것입니다. 미디어가 산불로 인한 피해를 지속적으로 강조하게 되면 대중은 산불 같은 자연재해가 우리 사회가 직면한 중요한 이슈라고 생각하게 된다는 것입니다. 이 이론은 뉴스미디어가 대중에 미치는 강력한 효과를 설명하고 있습니다.

실제로 2001년 9.11 테러가 발생했을 때 미국인들은 테러리즘이 미국 사회가 직면한 가장 중요한 이슈라고 생각했습니다. 물론 테러가 발생하기 전에는 테러리즘이 미국 사회에서 중요한 이슈로 부각되지 못했습니다. 당시 미국 언론은 테러로 인한 피해와 소방관들의 활약, 자국민의 애국주의 등을 집중적으로 보도했습니다. 이러한 보도를 지속적으로 접하다 보면 머릿속에는 테러 장면만 맴돌게 되고 테러리즘이 사회의 중요한 이슈라고 생각하게 되는 것이지요.

미디어가 중요하다고 부각시키는 사회적 이슈는 늘 바뀝니다. 시간이 지나면 새로운 이슈들이 발생하게 되고 미디어도 다양한 이슈들에 주목하게 되는 것이죠. 여러분도 알다시피, 사회에는 여러 가지 이슈가 발생합니다. 동일한 이슈가 오래 지속되는 경우는 많지 않습니다. A라는 이슈가 발생하고 나면 B라는 이슈가 대중의 주목을 끌게 됩니다. 이 때문에 미디어의 주요 의제도 항시 변화합니다. 미디어의 의제가 변화함에 따라 대중의 의제도 변화한다는 것은 자명한 일입니다. 그럼에도 불구하고 늘 중요한 이슈로 떠오르는 문제는 경제나 북한 관련 의제입니다. 경제는 우리 삶에 직접적인 영향을 미치기 때문에 경제 관련 정보는 대개 주요 의제로 다뤄집니다. 북한 관련 이슈도 남북분단이라는 특수한 상황 때문에 항상 중요한 이슈로 부각됩니다. 특히 북한의 미사일 발사와 같은 위협은 우리뿐 아니라 이웃나라 일본에까지 중요한 영향을 미치는 사건입니다.

이처럼 뉴스미디어가 대중의 의식에 지대한 영향을 미치기 때문에 어떤 이슈를 어떤 방식으로 강조할 것인지가 매우 중요해집니다.

 생각해 볼까요?

1. 조부모님 그리고 부모님과 대화하면서 그분들이 초·중·고등학교에 다닐 당시 어떤 미디어를 사용했는지 알아봅시다.
2. 메타버스, ChatGPT의 뒤를 이어 나올 새로운 미디어는 무엇이 될지 상상해 봅시다.
3. 미디어가 사회에 미치는 순기능과 역기능의 예를 찾아 논의해 봅시다.

2

챗GPT 시대
청소년을 위한 미디어 탐구

뉴스에 대해 알아볼까요?

이 장은 대표적인 미디어인 뉴스에 대해 살펴봅니다.
또한 어떤 것이 뉴스가치가 있고 언론의 역할은 무엇인지 탐색해 봅니다.

뉴스기사 작성법

일반적으로 뉴스기사는 육하원칙에 따라 작성합니다. 누가, 언제, 어디서, 무엇을, 어떻게, 왜가 육하원칙에 해당합니다. 이처럼 육하원칙에 따라 작성된 기사를 스트레이트 뉴스straight news라고 부릅니다.

저는 1996년 1월부터 1998년 4월까지 중앙일간지 중 하나인 신문사에서 근무했습니다. 처음에 입사하면 몇 개월간의 수습기간을 갖는데 수습기자들은 경찰서에서 주로 취재를 합니다. 중요한 사건은 밤에 주로 일어나다 보니 저녁 9시쯤 경찰서에 가서 새벽 2시나 3시까지 취재하다가 잠을 잔 적이 많습니다. 우리 주변에서 일어나는 화재, 강도, 폭력, 음주, 자살, 사기 등 일상에서 일어나는 사건들이 모이는 곳이 경찰서입니다. 경찰서 안에 자그맣게 기자실이 있었는데 수습시절에 그곳에서 쪽잠을 잤던 기억이 나네요. 이제 사건이 많은 경찰서에 수습기자를 보내는 이유를 알아차렸나요?

　사건기사는 육하원칙에 딱 안성맞춤입니다. 당시 거의 관행적으로 사건기사를 쓰던 포맷이 있었는데 아래와 같습니다.

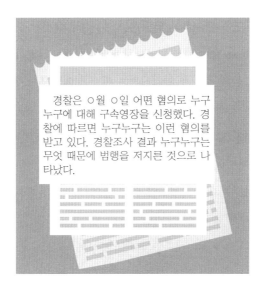

경찰은 ○월 ○일 어떤 혐의로 누구누구에 대해 구속영장을 신청했다. 경찰에 따르면 누구누구는 이런 혐의를 받고 있다. 경찰조사 결과 누구누구는 무엇 때문에 범행을 저지른 것으로 나타났다.

화재사건의 경우도 육하원칙에 의거해 기사를 작성하기 좋습니다. 이처럼 수습기자들은 경찰서에서 기자로서의 훈련을 받는다고 생각하면 됩니다. 여기서 육하원칙에 따라 기사를 작성하는 방법을 배우게 되는 것이죠.

하지만 모든 기사가 육하원칙에 따라 작성되는 것은 아닙니다. 인터뷰기사나 해설기사는 사건기사와 많이 다른 형식을 띠게 됩니다. 스트레이트 뉴스의 경우 가장 중요한 문장이 앞에 나오는 경우가 많습니다. 이것을 리드 lead라고 부릅니다. 일반적인 글쓰기는 서론, 본론, 결론의 형식으로 이뤄지는 경우가 많습니다. 하지만 기사의 경우 결론이 가장 먼저 나온다고 보면 됩니다. 그렇기 때문에 독자나 시청자들의 주의를 환기시키는 리드를 어떻게 구성할 것인지에 기자들이 가장 많은 신경을 씁니다. 제가 수습기자일 때 선배기자로부터 가장 많은 질문을 받은 것이 바로 이 리드였습니다. "도대체 이 기사가 전달하고 있는 핵심이 뭐야?"라며 선배기자들은 저에게 묻곤 했죠. 기사를 작성하기 위해 많은 내용을 취재하지만 그 핵심을 한 줄로 요약할 수 있어야 훌륭한 기자가 될 수 있다는 것이었습니다. 따라서 기자라면 리드를 잘 작성할 수 있어야 합니다.

예를 하나 들어볼까요? 코로나19 확진자 수가 처음으로 100명을 넘었다면 여러분은 어떤 식으로 리드를 뽑을까요? 제가 생각해본 리드는 아래와 같습니다.

우리나라 코로나19 확진자가 처음으로 100명을 돌파했습니다.
우리나라 코로나19 확진자 수가 처음으로 세 자릿수를 기록했습니다.

객관적인 사실만을 전달한다면 "우리나라 코로나 확진자가 100명으로 집계되었습니다."라고 표현하는 게 맞겠죠. 하지만 구독자들의 이목을 끌기 위해서는 다소 자극적인 리드 문장이 필요합니다.

정리하면 스트레이트 뉴스기사의 경우 가장 중요한 내용이 먼저 언급되고 이후 순차적으로 이야기가 전개된다고 보면 됩니다. 리드 문장을 어떻게 작성할 것인지에 많은 기자들이 고심할 수밖에 없습니다. 앞으로 신문기사를 읽거나 방송뉴스를 볼 때 맨 첫머리에 어떤 내용이 언급되고 있는지를 유심히 살펴보면 기사를 이해하는 데 많은 도움이 될 것입니다.

육하원칙은 뉴스기사를 분석할 때도 유용합니다. 특히 '누가'는 대부분 정보를 전달하는 정보원을 가리킵니다. 따라서 기사에 어떤 정보원이 많이 인용되어 있는지를 유심히 볼 필요가 있습니다.

러시아-우크라이나 전쟁보도를 예로 들어보죠. 전쟁을 보도할 때 러시아 정부관료들이나 러시아군인들의 이야기를 많이 전하면 전반적인 뉴스 논조는 어떻게 될까요? 이들은 전쟁에 직접 관여하고 전쟁을 지지하는 경우가 많기 때문에 전쟁에 우호적인 보도가 나갈 가능성이 큽니다. 반면, 우크라이나 정부 관료나 우크라이나 군인, 시민들의 스토리가 많이 인용되면 뉴스기사는 전쟁에 반대하는 논조를 가질 가능성이 큽니다. 따라서 어떤 정보원이 기사에 많이 등장하는지를 파악하는 것은 뉴스의 논조와 주제를 이해하는 데 많은 도움이 됩니다.

육하원칙 중 가장 어려운 것이 '왜'라는 원칙인 것 같습니다. 앞서 예를 든 러시아-우크라이나 전쟁보도의 경우 왜 전쟁이 발발했는지를 취재해서 보도하는 것은 기자들에게 쉬운 작업이 아닙니다. 당시의 국제정세나 두 국가의 외교관계, 영토분쟁의 역사 등 파악해야 할 것이 많습니다. 날마다 발생하고 있는 사건을 기술하는 것은 크게 어렵지 않습니다. 하지만 왜 그 사건이 발생했는지를 보도하는 것은 무척 어려운 일이죠. 따라서 뉴스를 분석할 때 해당 기자가 '왜'라는 원칙을 충실히 따랐는지 살펴볼 필요가 있습니다. 범죄 사건의 경우에도 피의자가 왜 범죄를 저질렀는지도 기자들은 충분히 전달할 책임이 있습니다. 앞으로 신문기사를 읽거나 방송뉴스를 볼 때 왜 특정 사건이 발생하고 특정 이슈가 부각되었는지 유심히 살펴볼 필요가 있습니다.

뉴스가치

저의 수습기자 생활로 돌아가 보겠습니다. 당시 경찰서를 돌면서 취재한 내용을 선배기자에게 보고했습니다. 매일 무수히 많은 사건들이 일어나고 있는데 그중 기사가 될 만한 내용을 보고했던 것이죠. 저는 매우 뉴스가치가 높다고 판단하여 보고를 했는데 결과적으로 거의 지면에 실리지 않았습니다. 열심히 취재해 보낸 기사가 실리지 않았을 때 많은 실망과 좌절감을 맛보기도 했습니다. 기자 초년생 시절이다 보니 뉴스가치를 제대로 판단하지 못했던 것이죠. 이후 수습을 마치고 본격적인 기자 생활을 하면서 어떤 것이 뉴스가치가 있는지 알게 됐습니다.

뉴스는 흔히 새로운 소식이라고 하죠. 뉴스가 되려면 먼저 새롭고 참신한 것이어야 합니다. 우스갯소리로 개가 사람을 물면 기사가 안 되지만 사람이 개를 물면 기사가 된다는 이야기가 있습니다. 그만큼 예기치 않거나 색다른 사건이어야 기사가 된다는 것이죠. 물론 개가 사람을 물어 죽이면 기사가 될 수 있습니다. 교통사고의 경우 늘 일어나는 일이기 때문에 웬만해서는 크게 보도되지 않습니다. 살인사건의 경우에도 늘 있는 사건이기 때문에 사람들의 주목을 끌지 못합니다. 하지만 일반인이 아닌 대중에게 잘 알려진 유명인이 관여돼 있으면 상황은 달라집니다. 연예인이나 스포츠 스타의 음주운전이나 마약 사용은 뉴스가치가 높습니다. 여기서 알 수 있는 것은 일반인보다 공인의 뉴스가치가 더 높다는 사실입니다. 아무래도 대중에게 잘 알려져 있는 공인의 경우에는 일거수일투족을 조심해야 할 필요가 있는 것이죠.

인간적 흥미를 유발하는 소식도 뉴스가치가 높습니다. 대표적인 것이 미담 사례입니다. 여러분은 김밥 할머니가 평생 어렵게 모은 돈을 대학에 기부하는 기사를 많이 봤을 것입니다. 이런 기사를 보면 "그래도 세상은 살 만한 곳이야."라는 느낌을 자기도 모르게 갖게 됩니다.

최신 추세나 트렌드, 유행을 좇아가는 것도 뉴스가치가 높습니다. 가령, 공직자들이 부동산투기를 하다 적발됐다는 보도가 나왔다고 합시다. 이후 이와 비슷한 사례가 나오면 뉴스가 될 가능성이 매우 높습니다. 특정 이슈가 발생해 사회적으로 반향을 일으키면 기자들은 이와 유사한 사례를 취재해 보도하려고 하기 때문에 취재 경쟁은 더욱 치열해집니다.

사회에서 발생하는 갈등도 뉴스가치가 높습니다. 신공항 건설을 둘러싸고 발생하는 지역 갈등이나 경제 개발로 인한 환경 파괴로 초래된 갈등, 사드 배치를 둘러싼 갈등 등 무수히 많은 갈등이 일어나고 있습니다. 노사 간의 갈등으로 인한 노조 파업이나 집단 행동도 상황에 따라 뉴스에 많이 등장합니다. 국가 간 갈등 역시 뉴스가 될 가능성이 높습니다. 일례로 위안부 문제를 둘러싼 한일 간의 갈등은 지속적으로 뉴스가 돼 왔습니다. 사드 배치를 둘러싼 한중 간의 갈등도 한때는 주요 뉴스거리였죠.

이밖에 뉴스가치가 높은 사안 중 하나는 자연재해일 것입니다. 봄에는 산불, 여름에는 장마로 인한 비 피해가 단골 뉴스거리입니다. 최근에는 우리나라에 발생한 지진도 주요 뉴스가 된 적이 있습니다. 특히 자연재해는 많은 사람들에게 인명 피해를 줄 수 있기 때문에 언론이 이를 집중적으로 보도할 수밖에 없습니다. 장마철에 많은 비가 내리면 전국에 있는 기자들이 현장에서 뉴스를 전달합니다. 그만큼 많은 피해가 생기는 것을 미리 방지하기 위해서이죠.

자연재해를 막을 수는 없지만, 일기예보나 뉴스 등을 통해 피해를 줄일 수 있습니다.

　최고나 최초 수식어가 붙는 일도 뉴스가 될 가능성이 높습니다. 잘 알려져 있듯이, 2022년 프린스턴대학교 허준이 교수가 수학계의 노벨상이라 불리는 필즈상을 받았습니다. 한국인 '최초'였기 때문에 많은 언론사에서 이 소식을 다뤘습니다. 그는 많은 강연에 참여했는데 그의 일거수일투족이 기사가 되었죠. 특히 시인이 되기 위해 고등학교를 자퇴했던 그의 학창시절은 많은 언론의 주목을 받았습니다.

기자의 역할

제 주위에는 기자들이 아주 많습니다. 제가 만난 몇몇 기자들을 중심으로 그들이 생각하는 기자의 역할에 대해 들어봤습니다.

권력에 대한 견제와 감시 역할

신문사에서 29년 기자 생활을 한 뒤 정치 유튜브 채널로 옮긴 선배기자를 만났습니다. 그는 시민의 입장에서 우리 사회의 정치권력, 관료권력, 자본권력 등에 대한 견제와 감시 역할을 하는 것이 기자의 중요한 역할이라고 봅니다. 시민들에게 알려야 할 사실들을 공론장으로 올리는 것, 권력이 숨기고 싶어 하는 불편한 진실들을 공론화하는 것이 중요하다고 합니다. 또한 단편적으로만 알려져 있는 사실들을 심층탐사를 통해 제대로 보도하는 것과 진실이 뭔지를 알리는 것이 기자의 중요한 사명이라는 것이죠.

흔히 뉴스는 객관적 사실에 기초해야 한다고 합니다. 요즘 가짜뉴스와 관련하여 자주 등장하는 팩트 체킹의 중요성은 이루 말할 수가 없을 정도죠. 많은 언론인들이 언론이 진실을 전달해야 한다고 말하고 있습니다. 단순히 사실을 전달하는 데 그쳐서는 안 된다는 것이죠. 사실의 이면에 놓여 있는 진실을 전달하는 것이 기자의 중요한 역할입니다. 현재 한국 언론의 문제점에 대해서도 그는 날카롭게 진단했습니다. 언론 스스로가 점차 권력화되고 있다는 것이 가장 큰 문제라고 했습니다. 언론이 점점 광고 수입에 의존하다 보니 재벌권력에 대한 감시가 소홀해졌다는 것입니다. 인터넷의 발달로 실시간으로 정보를 습득하는 게 쉬워졌습니다. 기자들이 실시간으로 많은 기사를 생산하는 것이 중요해지다 보니 기자들이 장시간 취재하거나 심층취재를 하는 기자들의 역할을 잊어버리고 있다고 그는 지적했습니다. 속보경쟁에 치인 나머지 제대로 정제되지 않은 정보를 쏟아내는 데 집중하고 있다는 것이죠. "단순반복적인 업무를 하는 기록노동자로 전락하고 있다.", "기자가 뭘 해야 하는지를 점차 잊어버리고 있다."고 그는 말합니다. 이렇다 보니 기자 스스로 발로 뛰어 숨겨진 진실을 파헤치는 데서 비롯된 성취감을 경험할 수 있는 기회가 줄어들고 있다는 것입니다.

그의 말을 좀 더 들어볼까요.

"내가 기자 생활을 할 때는 영화 〈1987〉에서도 나타나듯이 기사 한 줄이 세상을 바꿨다. 기사를 쓰면서 세상을 바꾼다는 의식이 강했다. 하지만 젊은 기자들의 생각은 다른 것 같다. 젊은 기자들은 누군가 자기 글을 읽고 나서 기사를 잘 썼다거나 고맙다는 반응을

들고 싶어 한다.

하지만 기자들에게 필요한 것은 동정심이 아니라 분노이다. 분노가 일차적이어야 한다. 젊은 기자들은 분노보다 동정심이 중요할 거라고 본다. 우리 사회의 구조적인 폭력이나 불평등에 대해 세상에 알리는 것이 중요하다. 첨부파일 저널리즘, 즉 출입처에서 보도자료를 보내오면 그대로 전달하는 것이 요즘 기자의 모습이다. 누가 먼저 빨리 올리느냐가 중요해지고 있어 아쉽다."

다소 과격하게 들릴지 모르겠지만 그는 언론의 감시견 역할을 기자의 가장 중요한 사명이라고 보고 있었습니다.

정확한 사실 전달

여러분은 2014년 세월호 참사를 잘 기억할 것입니다. 그런데 사건 당일 주요 방송사에서 '안산 단원고 학생 338명 전원구조'라는 속보를 냈습니다. 오보였지요. 한 방송사가 보낸 기사를 다른 방송사들이 별다른 검증 없이 내보내다 보니 엄청난 오보가 생긴 것입니다. 뒤늦게 정정보도를 하긴 했지만 우리나라 언론 역사에서 씻을 수 없는 오점을 남겼죠. '전원구조'라는 오보로 인하여 학생들을 구조하려는 노력은 지체될 수도 있는 위험한 상황이었습니다. 더구나 희생자 가족들의 마음은 어떠했을까요. 다 살았다고 생각했는데 자식이 희생된 소식을 들은 부모의 심정은 너무나 가슴 아팠을 겁니다. 이처럼 재난 상황에서의 오보는 큰 상처를 주기 때문에 언론사의 철저한 사실 확인과 검증 절차가 필요합니다. 당시 언론윤리도 도마 위에 올랐습니다. 기자들은 가까스로 목숨을 구한 단원고학생들에게 무차별적으로 인터뷰를 함으로써 기본적인 언론윤리를 저버렸다는 비난이 많았죠. 친구들을 잃고 살아남은 학생들은 얼마나 큰 죄책감에 시달릴지는 누구나 상상할 수 있습니다. 그런데 기자들은 살아남은 학생들이 치료를 받고 있는 병원을 찾아가 당시 상황을 취재하였습니다. 하지만 학생들은 트라우마에 시달려 사건당일의 상황을 떠올리고 싶지 않았을 것입니다. 세월호와 관련한 가짜뉴스도 문제가 됐습니다. 한 언론사는 광화문 광장에 있는 세월호 천막에서 세월호 유가족과 자원봉사자가 부적절한 성행위를 했다고 보도했습니다. 이후 일부 유튜브 매체들은 이 언론사의 보도를 인용하면서 세월호 유가족들을 조롱하거나 비난했습니다. 하지만 법원은 이 기사가 허위 사실을 적시했다며 이를 보도한 언론사에게 3천만 원을 배상하라고 판결했습니다.

20년간 기자 생활을 한 뒤 새로운 인생을 준비하고 있는 후배를 만난 적이 있습니다. 그는 역사의 현장을 지켜보고 자기가 본 사실을 대중에게 전달하는 것이 기자의 중요한 역할이라고 말합니다.

기자가 되면 현장에서 대통령이 탄핵되는 장면도 지켜볼 수 있고 여러 사건사고들을 간접적으로 경험할 수 있죠. 그는 일본 특파원을 할 때 동일본 대지진을 경험한 적이 있습니다. 당시 피해자들과 함께 현장에 있었는데 기분이 아주 묘했다고 합니다. 보통은 재난이 일어나면 취재를 가는 편인데 이번 지진은 내가 피해자인 동시에 기자로서 역할을 해야 하는 상황이었던 것이죠. 가족을 지켜야 하는 가장으로서의 의무와 시시각각으로 벌어지는 재난 상황을 보도해야 하는 저널리스트로서의 상황이 자신을 힘들게 만들었다고 합니다. 지진 당시 며칠을 정신없이 기사를 썼는데 이 순간이 가장 기억에 남는다고 하네요. 실생활에서 우리가 겪는 문제들의 원인을 파악하고 개선책을 제시하며 여론의 변화를 꾀하는 것도 기자의 중요한 사명이라고 그는 강조합니다. 예를 들어, 중앙버스차로제가 도입된 경우 시민들의 입장에서 기자는 제도의 문제점을 지적할 수 있습니다. 이처럼 무언가를 취재하면서 보고 들은 내용을 대중에게 전하는 직업이 기자인 셈입니다. 그는 기자를 처음 시작할 때 정권이 감추려고 하는 것을 들추어내는 것이 중요한 기자의 사명이라고 생각했다고 합니다. 하지만 2010년 이후에는 정보의 실용성, 유용성이 높게 평가를 받게 되면서 트렌드 변화나 유행의 변화 등 소소한 뉴스들이 중요해지기 시작했습니다. 언론 환경이 많이 바뀌게 되었고 언론의 생존이 중요해지게 된 것이죠. 하지만 이런 환경의 변화에도 불구하고 그는 여전히 권력의 감시자 역할이 중요하다고 생각하고 있습니다.

사회의 중요 의제 설정

10년간의 기자 생활을 한 후 지자체에서 인터넷뉴스 팀장을 맡고 있는 필자의 언론사 동기는 언론의 중요한 역할로 의제설정을 강조했습니다. 객관적인 정보에 기초한 사실보도는 기본적으로 기자가 지켜야 할 원칙이지만 이보다 중요한 것은 사실에 대한 가치판단입니다. 사실보도는 인공지능도 수행하고 있습니다. 스포츠 경기나 주가 변동, 단순사건보도는 기계가 작성을 해도 기자들이 쓴 기사와 크게 차이가 나지 않습니다. 하지만 사실에 근거하여 가치를 부여하는 것은 인간만이 할 수 있는 일이죠. 따라서 기사를 작성하거나 보도할 때 기자의 소명의식에 기반한 통찰력이 중요합니다.

우리는 종이신문의 지면에서 기사를 접하면 직관적으로 그 가치를 알 수 있습니다. 1면 머릿기사가 그날의 가장 중요한 소식이라는 것은 쉽게 느낄 수 있습니다. 하지만 어떤 기사를 중요한 기사로 취급해 독자들에게 전달할지는 인공지능과 같은 새로운 기술이 감히 하지 못하는 일일 것입니다. 하루에도 무수히 많이 일어나는 일 중 어떤 것이 뉴스가치가 있고 이를 어떻게 전달할지를 고민할 수 있는 것은 인간으로서 기자가 담당해야 할 부분입니다. 그런 면에서 세상을 좀 더 살기 좋은 곳으로 만들기 위해 심사숙고하고 고민하는 것이 언론의 중요한 역할이라 볼 수 있습니다. 필자의 동기는 2022년 8월 발생한 '수원 세 모녀 사건'을 예로 들며 언론이 복지사각지대를 파헤치는 등 일회성 보도에 그치지 말고 이런 일이 다시는 재발하지 않도록 선제적으로 보도해야 한다고 강조합니다. 그리고는 현재 언론의 문제점으로 선정적인 보도, 대중의 호기심을 자극하는 보도, 조회수에 집착하고 단편적으로 보도하는 경향, 광고성 협찬기사의 범람 등을 지적했습니다. 동기로부터 언론을 통해 우리 사회가 좀 더 나아지기 위해 필요한 주요 의제를 발굴하고 사회의 주요 문제점이나 위험에 선제적으로 대응해야 한다는 것을 배울 수 있었습니다.

진실보도

많은 기자들이 언론의 중요한 역할로 진실보도를 이야기합니다. 그렇다면 언론은 왜 사실보도에 그치지 않고 진실을 추구해야 할까요? 장애인 이동권 보장을 요구하면서 출근길 지하철에서 시위를 벌이는 장애인 단체를 예로 들어봅시다. 이 시위로 인하여 지하철이 제대로 운행되지 않아 출근길 시민들이 불편을 겪는 것은 사실입니다. 또한 이로 인하여 불편을 겪는 시민들의 불만도 많은 것도 사실입니다. 반면 조금 불편하더라도 참으며 장애인단체의 시위를 응원하는 사람들도 존재합니다. 만약 언론이 사실 전달에 충실하면 장애인단체 시위로 출근길 시민들이 큰 불편을 겪었다거나 장애인단체의 시위를 지지하는 응원의 목소리를 전달할 수 있을 것입니다. 하지만 진실 전달이 언론의 중요한 사회적 책임이라고 한다면 장애인의 이동권이 제대로 보장되지 않는 한국 사회의 현실을 파헤치고 비교적 이동권이 잘 보장되고 있는 외국의 사례들을 보도하면서 우리 사회의 부족한 부분이 무엇인지를 공론화하는 것이 언론의 책무가 아닐까요. 즉 사실을 전달하는 데서 그치지 않고 보다 심층적으로 분석해서 진실을 알리려고 하는 것이 중요하다는 것이죠. 물론 진실이 무엇인지에 관해서는 보다 많은 고민이 필요할 것입니다. 여기서 중요한 것은 나무를 보기보다 숲을 봐야 한다는 것입니다. 단순한 사실을 나열하는 것이 아니라 사실의 이면에 놓인 배경과 맥락을 전달하는 것이 언론의 중요한 사명이라고 할 수 있습니다.

우리 사회의 소외된 계층의 목소리를 싣는 것도 기자의 중요한 역할입니다. 제가 최근에 읽은 김수환 추기경 관련 책에서도 김 추기경이 이야기했던 언론의 역할에 대해 잘 나와 있습니다(김성호 외, 2022). 그분은 고통받고 소외된 자들의 편에 서서 일생을 보냈습니다. 또한 우리 사회에서 언론과 언론인의 중요성과 사회적 책임을 다음과 같이 강조했습니다.

> 언론이 진실을 보도하면 국민은 빛 속에서 살 것이고 언론이 권력의 시녀로 전락하면 국민은 어둠 속에서 살 것입니다. (김성호 외, 109쪽)

김수환 추기경의 말씀대로 언론의 가장 중요한 역할은 진실을 숨기지 않고 보도하는 것이며 소외받고 고통받는 사회적 약자의 문제에 관심을 갖고 이들의 목소리를 전달하는 것입니다.

우리 사회도 언론의 암흑기 시절이 있었습니다. 전두환 정권 시절 언론이 바로 권력의 꼭두각시 노릇을 했죠. '땡전뉴스'란 말이 나올 정도였으니까요. 저녁 9시 뉴스가 "땡" 하고 시작하면 "전두환 대통령은"이라는 멘트가 매번 나왔다고 합니다. 즉 뉴스 첫머리에는 늘 전두환 대통령의 이야기가 소개되었다는 것이죠. 언론이 권력을 감시하는 것이 아니라 권력을 찬양하는 시대였던 셈입니다.

결론적으로 진실 추구는 언론이 지녀야 할 가장 중요한 사명이자 책임입니다. 그러므로 언론은 사실 이면에 숨겨진 진실을 드러내기 위해 노력해야 할 것입니다.

공정한 보도

공정한 보도는 어느 한쪽으로 치우치지 않은 뉴스 보도를 의미합니다. 도로나 항만, 군사시설 등의 대규모 건설 시 건설업자와 환경단체 간의 갈등이 빈번히 일어나는 경우가 있습니다. 이때 언론이 건설업자의 입장만을 전달한다면 이는 공정하지 못한 보도입니다. 선거보도도 마찬가지입니다. 여당 후보를 소개하는 데 많은 지면을 할애하고 야당 후보는 거의 언급을 하지 않는다면 한쪽으로 치우친 뉴스기사입니다. 어떤 사안이 발생했을 때 다양한 입장을 가진 사람들의 의견을 반영해서 보도하는 것이 공정성을 지키는 길입니다.

「KBS 방송강령」도 방송의 공정성을 중요하게 다루고 있습니다. 즉 우리 사회의 모든 계층의 다양한 의견이나 주장을 고르게 반영하겠다는 것이죠. 즉 한쪽의 입장이나 주장을 일방적으로 전달하지 않고 다양성을 추구하는 것이 공정성의 중요한 요소입니다.

총 강

I. 자유

우리는 헌법과 방송법이 보장하는 바에 따라 방송을 통한 편성과 보도 제작의 자유를 갖는다.

우리는 이 자유를 오직 국민의 권리와 이익을 위해서만 책임 있게 행사하며 어떤 일이 있어도 이 자유를 지킨다.

II. 책임

우리는 자유민주주의의 기본질서와 민족의 자주성을 존중하며 통일을 지향하는 국민적 합의의 창출에 이바지한다.

우리는 진실추구의 바탕 위에서 우리에게 주어진 방송의 공적 기능과 사회적 책임을 다하며 건전한 민주여론 형성에 기여한다.

III. 독립

방송은 완전한 독립성이 보장되어야 한다. 우리는 내·외부로부터 부당한 간섭이나 압력을 배제하며, 국민의 방송으로서 전통과 권위를 수호한다.

IV. 방송의 공정성

우리는 공정성, 정확성, 객관성을 바탕으로 진실만을 전달한다. 방송은 균형을 유지해야 하며, 우리 사회 모든 계층의 다양한 의견이나 주장, 요구 등을 고루 반영할 수 있는 민주여론의 장이 되도록 한다.

비록 공정성이 언론 보도의 중요한 원칙이기는 하지만 많은 언론들이 한쪽으로 치우친 편향 보도 때문에 비판을 받고 있는 게 현실입니다. 강령에 제시된 대로 다양한 의견에 귀 기울이고 다양한 입장을 전달하는 것은 현실적으로 쉽지 않습니다.

영국의 공영방송 BBC는 '적절한 불편부당성due impartiality' 개념을 방송의 주요 가치로 내세우고 이를 실천하고 있습니다. 불편부당성이란 개념은 어느 한쪽으로 치우치거나 편향되지 않은 것을 의미합니다. 앞서 소개한 공정성이란 개념과 거의 비슷하다고 보면 됩니다. '적절한'이란 단어를 앞에 붙인 이유는 모든 사안을 중립적인 견지에서 동등하게 보도하는 것이 아니라 기본적 가치체계 내에서 적절한 균형을 유지해야 한다는 의미로 보면 됩니다(이창근, 2004). 즉 진실과 인권, 정의, 민주주의 등 민주주의 사회의 근간을 이루는 가치체계 내에서의 불편부당성을 의미하는 것이죠. 의견의 다양성을 최대한 확보하면서 다양한 시각으로 사안을 보도하되 중요한 가치는 부각시켜야 한다는 겁니다.

공영방송에서 28년 기자 경험이 있는 한 선배는 공정한 보도가 무엇인지에 관한 자신의 고민을 저에게 털어놓았습니다. 하루하루 뉴스를 다루는 생산자의 입장에서는 가치가 충돌하는 경우가 많다고 합니다. 단순 사실을 보도하는 게 맞는 것인지 아니면 좀 더 깊게 들어가 진실을 보도하는 경우가 맞는 것인지 항상 헷갈린다고 하네요. 가령, 어떤 사안에 대해 'A 정당은 이렇게 주장하고 이에 맞서 B 정당은 이렇게 주장했습니다.'라고 보도하는 것은 기계적 균형에 가까운 것입니다. 즉 사실의 나열이라고 볼 수 있죠. 하지만 사실만 나열하는 것으로 끝나게 되면 총체적 진실을 전달하지 못할 가능성이 큽니다. 단순히 여러 입장을 전달한다고 해서 공정한 보도라고는 볼 수 없다는 것이죠. 기계적 균형에서 벗어나 진실을 추구하고 사회적 가치를 실현하는 공영방송의 역할에 충실하려고 했으나 쉽지 않았다고 그는 고백합니다. 결국 공영방송은 삶의 가치, 인권, 자유, 평등의 신장 등 보편적 가치를 지향하는 쪽으로 가야 한다고 그는 강조합니다.

공정성을 실현하는 것이 어려움에도 불구하고 보도가 공정한지 아닌지는 여전히 뉴스 보도를 평가할 때 중요한 기준이 될 것 같습니다. 향후 공정한 보도가 무엇인지에 관해서 학계뿐 아니라 언론계에서도 관심을 갖고 연구를 진행해야 할 것입니다. 공정성의 가치는 무엇이고 어떤 것이 공정한 보도인지 구체적인 내용이 나오길 기대합니다.

특파원의 세계

흔히 특파원은 기자의 꽃이라고 불립니다. 그만큼 특파원이 되는 것이 힘들고 어렵다는 것이죠. 많은 언론사들이 세계에서 일어나는 사건이나 이슈를 보다 신속하고 다양하게 알리기 위해 특파원제도를 운영하고 있습니다. 주로 특파원을 보내는 곳은 미국의 뉴욕, 워싱턴, 로스앤젤레스, 영국 런던, 프랑스 파리, 독일 베를린, 중국 베이징, 상하이, 일본 동경 등 주요 선진국들이 많습니다. 이 때문에 우리가 접하는 국제 뉴스들의 대부분은 선진국 소식들입니다. 개발도상국이나 후진국에서 일어나는 일들은 큰 사건, 사고를 제외하고는 거의 보도가 되지 않습니다.

일본 동경에서 2009년 3월부터 2012년 4월까지 특파원을 역임한 후배를 만나 특파원의 일상에 대해 자세히 들을 기회가 있었습니다. 그가 동경 특파원으로 갈 당시 회사에서 경비를 절약하기 위해 사무실을 없애는 바람에 전임자가 살던 곳을 숙소 겸 사무실로 사용했다고 합니다. 기본적으로 체재비는 회사에서 모두 지불해 준다고 합니다. 사무실이 별도로 없다 보니 집에서 주로 재택근무를 했습니다. 서울에 있는 본사와 통화할 때는 전화를 했는데 나중에는 메신저를 많이 이용했다고 합니다. 국제 전화료가 많이 나오다 보니 메신저가 편했던 것입니다. 하지만 중요하거나 급한 사안은 전화를 사용할 수밖에 없다고 합니다. 특파원 한 명을 운영하려면 일반기자의 서너 배 비용이 들기 때문에 회사에서는 일을 많이 시키려고 해서 특파원으로 일하는 것이 쉬운 일은 아니었다고 그는 말합니다.

그렇다면 특파원으로 일하는 것이 어떤 도움이 될까요?

기자 생활 10년 차를 넘어가면 매너리즘에 빠지기 쉽지만 해외에 가면 새로운 경험을 하게 돼 자극이 되기도 합니다. 특파원의 경우 특정 분야를 취재하는 것이 아니라 정치, 경제, 사회, 문화 등 다양한 영역을 취재할 수 있어 좋습니다. 외국의 여러 기자들과 함께 취재를 하기 때문에 경쟁심도 생기고 동료의식도 느끼며 글로벌 시각을 가질 수 있습니다. 외신 기자 클럽에서 기자 간담회를 할 때 외신 기자들과 교류하면서 함께 취재를 하기도 합니다. 가끔 일본 내에서 여러 군데 출장을 다니는데 이것이 기억에 가장 남는 것 같습니다. 일본의 농촌 마을이나 바닷가 마을에 가서 혼자만의 시간을 보내는 것이 특파원 생활의 소소한 즐거움입니다. 현지인들을 직접 만나 그들의 문화를 배우고 체험하는 것도 매우 소중한 자산이 됩니다.

일주일에 한두 번 정도는 저녁 회식이 있는데 주일 한국 대사관이나 문화관에 있는 한국 직원이나 일본을 방문하는 한국 정치인들, 지한파 일본 정치인들과 식사를 하면서 이야기를 합니다. 특파원들이 어느 정도 일본어를 할 줄 아니까 통역을 많이 쓰지는 않는다고 합니다. 그가 전하는 특파원의 하루는 다음과 같습니다.

특파원의 하루

오전 6시에 일어나서 일본 방송 뉴스를 보고 〈요미우리〉, 〈아사히〉 등 일본 조간을 본다. 일본어를 어느 정도 공부하고 가서, 일본 뉴스를 이해하는 데 큰 어려움은 없다. 아침 뉴스를 보면 일본 사회에서 어떤 일들이 일어나고 이 중에서 무엇이 중요한지를 알게 된다. 인터넷을 통해서도 찾아본다. 한일 관계에 관한 보도, 일반적으로 한국 사회에 영향을 줄 만한 사안들을 주의 깊게 본다.

오전 9시 이전에 서울에 있는 본사 국제부 부장에게 보고한다. 대부분 취재 아이템을 정해 본사에 보고하는 편이다. 간혹 회사에서 취재 지시가 내려와 취재하는 경우도 있다. 본사에서 열리는 오전 편집 회의가 끝나면 국제부장이 취재 지시를 내린다. 주로 오후에 취재를 해야 해서 점심을 못 먹을 때가 많다.

오후 3시부터 기사를 작성하기 시작한다. 늦어도 오후 5시까지는 본사에 기사를 보내야 한다.

한국의 경우 기자실에 요청을 하면 자료가 바로 온다. 하지만 일본의 경우 취재하기가 힘들다. 팩스로 취재 내용을 정부 부처에 보내면 팩스로 답이 온다. 한국과 일본의 취재 환경이 많이 다르다. 일본은 절차가 까다로워 취재를 하는 데 시간이 많이 걸린다.

저녁 7시 초판이 나오면 PDF로 기사를 확인한다.

특파원은 정치, 경제, 사회, 문화 등 모든 것을 취재해야 하기 때문에 여러 부서를 경험한 사람들을 특파원으로 뽑는다고 합니다. 기자 경험이 15년 이상 돼야 하고 해당 국가의 언어도 어느 정도 알아야 하죠. 대다수를 차지하는 정치, 외교안보 관련 기사가 일본에서는 단신으로 처리되지만 우리에게는 큰 기사가 될 수 있기 때문에 기사가치를 알아볼 수 있는 안목도 있어야 합니다.

시민기자의 역할

우리 사회에서 기자는 공개 채용을 통해 선발된 전문가 집단으로 볼 수 있습니다. 일정한 자격 요건을 갖춰야 기자가 될 수 있다는 것이죠. 하지만 이러한 시스템을 타파하면서 시민기자를 표방한 언론사가 있습니다. 〈오마이뉴스〉는 '모든 시민은 기자다.'라는 모토를 내세우며 2000년 2월 20일 창간됐습니다. 당시 저는 미국에서 유학 중이었는데 한국의 새로운 저널리즘 실험에 대해 많은 관심을 가졌습니다. 기자 생활을 하면서 늘 품고 있던 생각이 '꼭 기자만 기사를 써야 하나?'였습니다. 기자가 사회에서 일어나는 모든 일을 다 알 수는 없습니다. 특히 과학이나 의학 등 전문적인 내용이 나오면 제대로 이해하지 못한 채 기사를 쓸 수도 있습니다. 사회에서 일어나는 여러 현상을 독자들이 쉽게 이해하도록 해야 할 책임이 기자에게 있습니다. 그래서 든 생각이 '기자 외에도 일반 시민이나 전문가들이 소식을 전할 수도 있겠다.'는 것이었습니다. 이런 고민을 해 오던 찰나 한국에서 시민기자를 표방하며 출범한 〈오마이뉴스〉가 그렇게 반가울 수 없었습니다. 〈오마이뉴스〉는 발전을 거듭하면서 지금도 여전히 건재하고 있습니다. 내부 기자도 수십 명에 이르고 새로운 미디어 환경에 맞춰 〈오마이TV〉 등 여러 서비스를 선보이기도 했습니다.

여러분들 생각은 어떤가요? 모든 시민이 기자가 될 수 있다고 생각하나요? 〈오마이뉴스〉 기사의 대부분은 시민들이 만들어 냅니다. 주로 어떤 사안에 대한 개인의 생각이나 견해를 피력하는 것이 많죠. 또한 삶의 일상을 이야기하는 경우도 많습니다. 이 때문에 기존의 저널리즘과는 많은 차이가 납니다. 우선 직업기자가 생산하는 뉴스들은 객관적인 사실 전달에 초점을 둡니다. 반면 시민기자들은 개인의 주관적 견해나 판단에 근거한 경우가 많습니다. 기존의 제도권 기자들이 국제관계, 경제, 사회, 문화 등 다방면에 걸쳐 주요 이슈를 보도하는 반면 시민기자들은 일상생활 위주로 전달하는 경우가 빈번합니다. 직업기자들의 경우 언론사에 소속돼 일정한 수습기간과 훈련을 거쳐 기자로 활동하지만 시민기자들은 언론 교육을 충분히 받지 못한 채 기사를 작성하는 것이 엄연한 현실입니다. 제도권 언론은 게이트키핑 과정을 통해 충분히 기사의 객관성과 정확성을 점검하지만 시민기자들의 경우 이러한 과정 없이 기사가 나갈 가능성이 큽니다. 따라서 시민기자 시스템을 운영하는 경우 잘못된 정보나 왜곡된 정보가 유통될 가능성이 그만큼 클 수밖에 없습니다.

이런 상황에서 늘 따라다니는 질문이 생길 수밖에 없습니다. 과연 시민들이 쓴 기사를 뉴스로 볼 수 있을까요? 만약 이것이 가능하다면 청소년 여러분도 기자가 될 수 있습니다. 청소년과 관련한 이슈나 문제에 관해 누구보다도 여러분들이 많은 지식과 경험을 가지고 있을 테니까요.

2022년 〈오마이뉴스〉에 청소년 시민기자가 쓴 기사가 올라왔습니다. 아래 기사 내용을 보고 이 기사가 뉴스로서 가치가 있는지 여러분이 직접 판단해 보기 바랍니다.

삼척 사는 중학생인데요, 등굣길이 이 모양입니다

(오마이뉴스, 22. 10. 19)

기사를 쓴다는 것은 열다섯 살인 나에게 첫 경험이자 재미있는 도전이다.

이 도전이 재미있을 수 있는 이유는 사실 〈오마이뉴스〉에 내가 나온 적이 있기 때문이다. 그래서 조금은 친근한 마음으로 기사를 쓸 수 있을 것 같아서이다. 담임 선생님께서는 지난 5월, 전교생 4명인 우리 중학교의 생활을 기사로 쓰셨다(관련 기사: 전교생 4명 중학교, 교사가 호들갑 떠는 까닭 http://omn.kr/1ym16).

기사란 자고로 환경, 정치, 다른 나라에서 생긴 일 등 사회에서 일어난 것을 '전문기자'가 알려주는 것이라고 생각했는데, 〈오마이뉴스〉에 나 같은 청소년도 자신의 일상을 소재로 기사를 쓸 수 있다는 사실을 알게 되었다.

차도만 있고, 인도는 없는 등하굣길

나는 수도권에서 초등학교를 졸업하고 강원도 삼척으로 전학을 왔다. 삼척에서도 산속 깊은 곳, 편의점도 없는 산골에서의 생활은 처음에는 낯설었다. 지금은 즐겁게 학교 생활을 하고 있지만 어려운 점이 있다. 그 어려운 점을 기사로 써 보고 싶어 이렇게 도전하게 된 것이다.

나는 걸어서 등하교를 한다. 문제는 등하굣길에 차도만 있고 인도가 없다는 것이다. 특히 다리를 건너야 하는데 이때가 가장 위험하다. 덤프트럭이 빠르게 지나다니는 곳인데 다리 위에서 사람이 차량을 피하기에는 너무 좁다.

내가 한 걸음만 옆으로 발을 내디디면 차와 닿을 만한 거리이다. 비라도 오는 날이면 지나가는 덤프트럭에서 튕기는 물을 피할 길이 없다.

대부분은 차량 운전자분들이 걸어가는 사람이 있으면 반대쪽 차선에서 차가 오지 않는 한 나를 피해서 지나가 주신다.

하지만 그렇지 않은 경우도 자주 있다. 그럴 때는 오로지 두근거리는 마음으로 다리 난간에 바짝 붙어 빠르게 지나가야 한다. 이럴 때 가장 속상한 일은 아침에 열심히 머리를 만진 것이 바람 때문에 망가진다는 것이다. 또한 다리를 건널 때 차가 오는 것이 보이도록 되도록 반대 차선으로 걸어 다니는데, 간혹 차량 운전자가 반대 차선에서 추월하면서 내 옆을 지나갈 때는 솔직히 속으로 욕이 튀어 나올 지경이다. (입 밖으로 내지 않고 속으로만 해요. 진짜예요.)

국토교통부의 답변, 2025년까지 도보 설치 계획?

이곳은 안개도 자주 낀다. 안개 속을 걸어갈 때 차가 오면 불안하다. 이러한 문제는 나에게만 일어나는 게 아니다. 학교 친구들도 나와 비슷한 경험이 있고, 담임 선생님도 우리와 함께 다리를 건너보시고 걱정해 주셨다. 나의 가족과 이웃 어르신들도 이 길을 지나 버스 정류장에 가시고, 읍내에 장을 보러 다니신다.

특히나 거동이 불편하신 할머니, 할아버지들께서 천천히 그 길을 지나가실 때면 '이 길에 인도가 있었으면 좋겠다.'는 생각이 저절로 든다.

내가 〈오마이뉴스〉에 기사를 쓰기 전에 담임 선생님께서는 이 문제로 먼저 국토교통부에 민원을 넣으셨다. 담당 부서에서는 2025년까지 이 구간에 도보 설치 계획이 있지만 언제인지는 정해지지 않았다는 답변을 하였다고 한다.

이렇게 기사가 나가면 인도를 설치하는 시기가 조금 빨라질 수 있을까? 좀 더 빨리 안전하게 다닐 수는 없는 걸까? 내년에는 내 여동생도 이 중학교에 입학을 한다. 부디 내 동생의 등하굣길은 안전했으면 하는 바람이다.

AI 기자의 등장과 뉴스의 미래

인공지능(Artificial Intelligence, AI)의 발달은 뉴스 생태계에도 많은 영향을 미치고 있습니다. 인공지능이 뉴스를 작성하면서 기자들의 직업도 위협받고 있는 것이죠. 지금까지 뉴스의 생산은 인간인 기자의 몫이었습니다. 하지만 인공지능도 뉴스를 생산하면서 기자와의 경계가 사라지고 있습니다. 아직까지 완벽하진 않지만 기본적인 정보를 전달하는 뉴스는 AI가 작성하는 경우가 많습니다. 이른바 로봇저널리즘Robot Journalism의 등장입니다. 뉴스로봇은 원시 데이터 분석을 통해 기사의 핵심이 될 중요 이벤트를 찾아내고 이를 기반으로 기사를 작성한다고 합니다(이준환·김동환, 2015).

로봇저널리즘이란?

로봇저널리즘은 컴퓨팅 기술에 기초해 소프트웨어를 활용하여 기사를 자동 작성하는 방식을 의미한다. 컴퓨터의 알고리즘이 기사 작성에 직접 개입하는 형식을 두고 로봇저널리즘이라고 부른다.

AI 기자의 장점은 무엇일까요? 무엇보다도 24시간 일을 할 수 있다는 점입니다. 인간은 기본적으로 일하는 시간이 정해져 있지만 인공지능은 무한정 업무를 처리할 수 있습니다. 또한 방대한 양의 데이터를 기반으로 기사를 작성하기 때문에 비교적 객관적인 보도를 할 수 있다는 장점이 있습니다. 컴퓨터 알고리즘에 기반하고 있기 때문에 정보를 빠르고 정확하게 전달할 수 있어 스포츠 경기, 주가 동향, 재난 정보에 큰 역할을 할 수 있습니다(이준환·김동환, 2015). 하지만 데이터가 문제가 있는 경우에는 오류가 나타날 수 있다는 한계도 있습니다. 이 때문에 데이터의 신뢰성과 객관성을 확보하는 것이 매우 중요합니다. 편향된 데이터를 기반으로 한 기사는 편향될 수밖에 없다는 것이죠.

언론학자들은 로봇이 쓴 기사와 (사람) 기자가 쓴 기사를 일반인과 기자들에게 보여주고 간단한 실험을 하였습니다(김영주·정재민·오세욱, 2015). 그 결과 사람들은 로봇이 쓴 기사와 기자가 쓴 기사를 잘 구분하지 못했습니다. 특히 실제 기사를 누가 작성했든지 간에 로봇이 썼다고 알려 준 경우 그 기사에 대한 평가는 좋았습니다. 로봇 기사의 경우 로봇이 썼다고 하면 평가가 더 좋아진 반면 기자가 쓴 기사의 경우 기자가 작성했다고 밝히면 평가가 더 나빠졌다고 하네요. 이처럼 로봇이 작성한 기사에 대한 사람들의 신뢰는 기자가 쓴 기사에 비해 매우 높다고 볼 수 있습니다. 인간이 작성한 기사보다

로봇이 작성한 기사가 더 정확하고 편향이 없다고 인식하는 것 같습니다.

그렇다면 인간이 아닌 AI가 작성한 뉴스기사를 어떻게 바라봐야 할까요? 인공지능이 인간을 완전히 대체할 것 같진 않습니다. 기본적으로 사실을 전하는 기사는 인공지능이 맡고 분석기사는 인간이 맡는 식으로 공존하는 세계가 오지 않을까요? 인공지능이 저널리즘의 미래에 어떤 영향을 미칠지 청소년 여러분들도 한 번쯤 고민해 보는 시간을 가졌으면 합니다.

 생각해 볼까요?

1. 우리나라에 지진이 발생해서 10명이 다치고 1,000명이 삶의 터전을 잃었다면, 기사의 리드를 어떻게 작성하는 것이 좋을까요?

2. 최근 일어난 사건 하나를 떠올려 사건이 일어난 시간이나 장소, 이유 등을 육하원칙에 따라 분석해 봅시다.

3. 본문에 제시된 청소년 시민기자가 쓴 기사 내용의 주제가 무엇인지 탐구해 봅시다.

챗GPT 시대
청소년을 위한
미디어 탐구

3

CHAPTER

챗GPT 시대
청소년을 위한 미디어 탐구

언론은 어떻게 현실을 구성할까요?

이 장은 언론이 현실을 구성하는 방식을 알아봅니다.
게이트키핑, 뉴스 프레이밍, 미디어 재현 개념을 이해함으로써 뉴스미디어가
현실을 어떻게 구성하는지 탐구해 봅니다.

게이트키핑

미디어는 현실을 구성합니다. 우리 주변에는 매일 여러 가지 일들이 발생합니다. 안전사고나 화재사고가 일어나기도 하고 주식이 급등하거나 폭락하기도 합니다. 새로운 법이 시행되기도 하고 새로운 정책이 수립돼 추진되기도 합니다. 뉴스미디어는 세상이 돌아가는 모습을 일일이 다 대중에게 전달할 수 없습니다. 여러 사건이나 사안 중 대중의 관심을 끌 만한 것들을 선택해 대중에게 전달하는 것이죠. 일종의 '게이트키핑gatekeeping' 과정을 거치게 되는 것입니다. 따라서 언론이 어떻게 현실을 구성해 보도하는지를 이해하기 위해서는 먼저 게이트키핑 과정을 알아둘 필요가 있습니다.

게이트키핑은 언론사 조직 내에서 기사가 취사·선택되는 과정을 일컫는 말입니다. 쉽게 말하면, 뉴스를 다루는 기자와 편집자가 (모든 내용을 다 보도하기는 어렵기 때문에) 본인이 중요하다고 생각하는 기사를 선택해서 뉴스로 다루는 것이지요. 구체적으로, 현장에 나가서 취재하는 기자들은 취재한 내용을 취재 데스크인 편집자에게 보냅니다. 편집자는 이 중에서 지면에 담을 기사를 고르게 됩니다. 이 과정에서 어떤 기사는 사라지게 되고 어떤 기사는 신문이나 방송에 보도되는 것이죠. 그렇다면 어떤 요인이 게이트키핑에 영향을 줄까요? 현장기자들이 보내온 기사를 점검하여 게이트키퍼로서 역할을 하는 편집자들은 오랜 기자 경력을 가지고 있습니다. 따라서 그 경험이나 뉴스를 보는 안목에 근거해 지면에 나갈 뉴스를 고르게 되는 것이죠.

구체적으로 게이트키핑 과정을 알아보기 위해 공영방송사 보도국장(70쪽 참조)을 역임한 한 선배를 만났습니다. 방송사 기자로만 29년 생활을 했습니다. 그는 보도국장 시절 제작의 자율성을 중요시했다고 말합니다. 사회부, 경제부 등 각 부장들이 판단하여 오늘의 뉴스에서 다룰 중요한 것들을 회의 때 이야기하면 그들의 의견을 존중해줬다고 합니다. 뉴스를 선택하는 데 영향을 준 것은 기자 개개인의 뉴스가치 판단과 공영방송으로서 꼭 다뤄야 할 내용이었습니다. 그러나 국민에게 화제가 될 만한 뉴스라고 해도 꼭 공영방송을 통해 전달해야 할 필요가 없다고 판단되면 다루지 않은 경우도 있었다고 합니다. 반대로 사회적 파급효과나 중요한 의미가 있으면 부각시키려고 했습니다. 사회적 약자나 인권, 복지, 성차별, 환경문제 등은 대중의 관심이 떨어지더라도 중요한 문제로 다루려고한 것이죠. 공영방송에 종사하다 보니 뉴스를 어떻게 전달할 것인지에 많은 고민을 했다고 합니다. 결국 민주주의와 인권 등 보편적 가치에 초점을 두는 것이 공영방송으로서의 역할이다 보니 이러한 가치가 뉴스 선택과 제작 과정에 중요한 영향을 미쳤다고 합니다. 그의 말을 종합하면 기자로서의 오랜 경험에서 비롯된 뉴스가치 판단과 공영방송으로서의 책무가 방송뉴스를 선택하는 데 중요한 역할을 했다고 볼 수 있습니다.

방송사 보도국장의 일상을 통해 본 게이트키핑 과정

아침 7시 전후에 회사에 출근합니다. 아침 뉴스가 오전 6시부터 6시 50분까지 진행되는데 뉴스 진행도 체크하고 밤사이 벌어진 상황도 점검합니다. 아침 뉴스를 총괄하고 있는 담당 부장으로부터 전날 저녁부터 아침까지 벌어진 일들을 보고 받고 그것을 어떻게 뉴스에 반영했는지도 보고 받습니다. 또한 타사 뉴스도 체크하면서 시간을 보냅니다.

보도국 편집회의는 오전 9시에 시작하는데 그 편집회의를 주재합니다. 주간, 각 부장, 그래픽 담당자, 영상 촬영 담당자 등 20여 명이 참석합니다. 전날 밤부터 일어난 사건상황, 당일 있을 중요한 행사 등에 대해 논의합니다. 정치부, 경제부, 사회부 등의 부장들이 참석해 당일 취재할 주요 아이템을 보고합니다. 이 자리에서 주요 아이템을 어떻게 다룰지 부장들과 같이 논의하죠. 예를 들어, A라는 사안이 발생할 경우 경제부와 정치부가 같이 다룰 사안이면 서로 협의하여 어떻게 보도할지 논의합니다. 메인으로 갈 뉴스거리와 단신으로 처리할 뉴스거리가 오전 회의에서 정리가 된다고 보면 됩니다. 보통 1시간 이내에 끝납니다.

회의가 끝나면 주간(부국장)이 구체적으로 부장들과 협의하여 어떤 방식으로 취재와 제작을 할 것인지 결정합니다. 이후 부장들은 각 부서로 돌아가 기자들에게 취재 지시를 내립니다.

오후 2시에 두 번째 편집회의를 주재합니다. 이 회의는 저녁 9시 뉴스를 위한 회의로 주간과 각 부장들이 참석합니다. 부장들이 보고를 하면 구체적으로 아이템을 결정합니다. 오전 회의에서 나온 아이템들이 어떻게 취재되고 있는지 점검을 하는 자리이기도 하죠.

저녁 7시 뉴스와 저녁 9시 뉴스는 편집1부장이 결정합니다. 따라서 편집부장이 주간과 협의하여 저녁 9시 뉴스를 결정하고 오후 서너 시쯤 저녁 뉴스 배열 순서를 보고합니다. 오후 5시쯤 되면 20여 건의 기사가 올라오는데 내가 봐서 부족한 점이 있으면 주간이나 부장에게 보완을 지시합니다. 오후 5시 30분쯤에 최종 뉴스안을 가지고 보도 본부장에게 보고합니다.

오후 6시에 식사를 하고 저녁 8시까지 계속 MBC, SBS, JTBC 등 타사 기사를 모니터링합니다. 저녁 9시 뉴스를 주간, 편집부장과 같이 보고난 후 뉴스가 끝나면 10시쯤 퇴근합니다.

포털 뉴스의 경우에도 게이트키핑 과정이 이뤄집니다. 포털은 뉴스를 직접 생산하지 않고 재배치하는 역할을 수행합니다(포털에서 기사 작성을 하지는 않고, 각종 언론사의 기사들을 모아서 제공한다는 뜻이지요). 일종의 백화점과 같은 곳이라 볼 수 있습니다. 수많은 업체들은 백화점에 상품을 공급합니다. 백화점은 상품을 잘 진열만 하면 되는 것이죠. 이 경우 어떻게 해야 많은 사람들의 눈에 띄고 관심을 받을 것인지 고민하여 상품을 진열하게 됩니다. 포털사 역시 수십 개의 언론사와 제휴를 맺어 이들로부터 뉴스를 제공받습니다. 하루에도 수천 건의 기사가 쏟아지는데 포털뉴스의 메인 화면에 등장하는 뉴스는 몇십 건에 불과합니다. 왜 이런 현상이 벌어질까요? 포털 역시 편집 담당자가 뉴스를 취사·선택하여 일부 뉴스만 대중들에게 보여주기 때문입니다. 포털에 종사하는 사람들도 백화점처럼 어떤 뉴스를 메인으로 내보내야 할지 많은 고민을 합니다. 아무래도 주요 언론에 보도되고 있는 뉴스들은 포털 뉴스에도 중요하게 다뤄질 가능성이 큽니다. 또한 포털 뉴스가 온라인으로 서비스되다 보니 이용자들의 클릭 수를 높일 만한 흥미 있는 기사들이 등장할 가능성도 있죠.

뉴스를 일차적으로 생산하는 언론사든 생산된 뉴스를 가공하여 전달하는 포털사든 게이트키핑 과정을 통해 취사·선택된 뉴스를 대중에게 전달합니다. 이 때문에 우리는 하루에도 수없이 일어나는 여러 사건들 중 일부만 알게 되는 것이죠.

뉴스 프레임

언론이 현실을 구성한다는 것은 뉴스 프레임news frame을 통해 확인할 수 있습니다. 프레임은 사물을 바라보는 인식의 틀입니다. 즉 어떤 식으로 보느냐에 따라 사물에 대한 인식이 달라질 수 있습니다. 가령, 컵에 물이 반 정도 찼다고 합시다. 물이 반이나 찼다라고 언급하면 물이 많이 찬 것으로 인식될 수 있습니다. 반면 물이 반이나 비었다고 하면 컵에 물이 많이 빈 것으로 인식됩니다. 이처럼 어떤 측면을 부각하느냐에 따라 사람들의 생각은 달라질 수 있습니다.

대체로 언론은 현실의 어떤 측면을 강조하거나 부각하고 어떤 측면은 잘 다루지 않습니다. 이 때문에 언론이 강조한 측면이 대중의 머릿속에 각인되는 현상이 발생하게 됩니다. 대중들은 언론이 강조한 내용을 중심으로 현실을 받아들이는 것이죠. 언론이 현실을 어떻게 틀 짓는지가 매우 중요한 이유입니다. 이처럼 언론이 현실의 특정 측면을 강조하는 방식이 뉴스 프레임입니다.

예를 들어, 대통령 지지율을 조사하는 국민여론조사에서 대통령을 지지하는 비율이 40%, 지지하지 않는 비율이 60% 나왔다고 합시다. 이 경우 어떤 언론은 대통령 지지율이 40%에 달했다는 내용을 부각할 수 있습니다. '대통령 지지율 절반에 약간 못 미쳐' 혹은 '대통령 지지율 40%에 달해'라는 제목을 크게 뽑으면서 대통령 지지율을 강조할 수 있습니다. 이런 제목을 단 기사를 읽는 독자들은 대통령 지지율이 꽤 높다고 생각할 것입니다. 하지만 실제로는 대통령 지지율은 절반에도 미치지 못합니다. 이와 반대로 대통령 지지율이 절반도 안 된다는 점을 부각하는 언론도 있겠죠. '국민 10명 중 6명 대통령 지지 안 해' 혹은 '대통령 지지율 절반도 안 돼'란 제목을 사용하면서 대통령 지지율이 낮다는 점을 강조할 수 있습니다. 동일한 사안인데도 어떤 식으로 부각하느냐에 따라 기사의 논조가 많이 달라집니다.

청소년의 학교 폭력 문제 보도도 언론이 어떤 뉴스 프레임을 사용하느냐에 따라 인식이 달라질 수 있습니다. 가령 언론이 학교 폭력을 개인의 일탈 문제로 보도하는 경우 학교 폭력은 일부 청소년들의 문제 행위로 여겨질 수 있죠. 하지만 놀이공간의 부족, 경쟁적인 입시 위주의 교육 등으로 인해 학교 폭력이 발생할 수 있다며 사회·환경적인 틀에서 학교 폭력 문제를 보도하면 학교 폭력이 구조적인 문제로 인식될 수 있게 되는 것이죠.

촉법소년에 대한 접근도 어떤 뉴스 프레임을 사용하느냐에 따라

보도 양태가 많이 달라집니다. 촉법소년은 형벌 법령에 저촉되는 행위를 한 만 10세 이상 14세 미만의 소년을 일컫는 말로 범행을 저질러도 형사처벌을 할 수 없습니다. 최근 청소년 범죄가 저연령화됨에 따라 촉법소년의 연령을 낮추자는 의견이 많이 나오고 있습니다. 이에 따라 언론은 촉법소년의 연령을 낮춰 소년 범죄 행위에 대한 처벌을 강화하자는 논조의 기사를 작성할 수 있습니다. 이러한 뉴스 프레임은 처벌 강화를 통한 청소년 범죄 문제 해결이라는 틀을 사용하고 있습니다. 반면 언론은 범죄를 저지른 청소년들의 심리적 안정과 회복을 추구하는 청소년 회복센터와 같은 시설의 지원 확대를 요구하는 보도를 할 수 있습니다. 이 경우 처벌이 곧 능사는 아니고 범죄를 저지른 청소년들을 사회가 잘 돌보고 더 이상 다시 범죄를 저지르지 않도록 하는 조치가 중요하다는 것을 강조하는 뉴스 프레임을 사용하게 됩니다.

원자력 발전소의 경우를 예로 들어볼까요. 원자력 발전은 우리 사회의 중요한 전기에너지를 공급하는 시설입니다. 하지만 후쿠시마 원전 폭발사고 이후 원전의 위험성에 대한 인식이 많이 퍼졌습니다. 만약 언론이 원전이 지진 등 자연재난에 취약하고 친환경적이지 않다는 사실을 강조하면 이는 원전에 대한 부정적 뉴스 프레임을 사용하고 있는 것입니다. 반면 원전이 전력난을 해결할 수 있는 핵심적인 에너지원이고 사용하기에도 안전하다는 사실을 강조하면 이러한 보도는 원전에 대한 긍정적인 뉴스 프레임을 사용하고 있는 것이죠.

시위에 대해서도 다양한 뉴스 프레임이 나올 수 있습니다. 장애인의 이동권 보장 요구 시위를 예로 들어보죠. 언론은 장애인들이 버스나 지하철 등 대중교통을 이용하면서 겪는 어려움을 보도할 수 있고 장애인의 이동권이 잘 보장된 해외 사례에 대한 취재를 통해 우리 사회의 문제점을 고발할 수도 있습니다. 또한 장애인의 요구나 주장을 잘 전달할 수도 있습니다. 반면, 장애인의 지하철 역사 안 시위로 지하철 운행이 제때 안 돼 많은 시민들이 불편을 겪었다는 내용을 부각해 보도할 수도 있습니다. 어떤 측면에 초점을 두느냐에 따라 기사의 내용은 완전히 달라집니다.

제가 대학에 다니던 1980년대 후반에는 대학생들의 시위가 자주 일어났습니다. 당시 경찰은 대학생 시위대에게 최루탄을 쐈고 학생들은 화염병이나 돌을 던졌습니다. 대학 캠퍼스의 낭만은 찾아보기 어려웠고 등굣길은 늘 최루탄 가스로 뒤덮였죠. 이때도 언론은 시위로 인한 시민들의 불편을 많이 강조했습니다. 대학생들의 시위로 인해 퇴근길 시민들이 퇴근하는 데 애를 먹었다든지 시위로 인한 교통 체증으로 시민들이 불편을 겪었다는 내용이 많았습니다. 반면 대학생들이 왜 시위를 하는지에 초점을 맞추는 보도는 드물었습니다. 대학생 시위의 폭력성을 부각시키는 뉴스 프레임을 자주 접한 대중들은 대학생 집단이 폭력적이고 과격하다는 인식을 가질 가능성이 큽니다. 이 때문에 대학생들이 왜 시위를 하는지에 대해 잘 모를 가능성이 있습니다.

이처럼 동일한 사안을 보도하는 방식은 언론마다 다를 수 있습니다. 뉴스 프레임에 대해 어느 정도 이해를 한 이상 여러분들은 평소 관심 있는 뉴스를 접할 때 언론이 어떤 점을 부각시키는지를 꼼꼼히 체크해 보시기 바랍니다.

미디어 재현

미디어가 현실을 구성하는 것을 설명하는 개념 중 하나는 미디어 재현입니다. 커뮤니케이션학자 김아미(2015)는 미디어 재현에 대해 다음과 같이 말합니다.

이 개념은 미디어가 현실을 특정한 시선을 가지고 특정한 기술을 이용해 재현하고 있다는 것, 다시 말해 객관적인 반영이 아닌 미디어 제작자나 기관의 의도가 투영된 형식으로 다시 표현하고 있다는 것을 설명하는 개념이다. (29쪽)

챗GPT는 미디어 재현media representation에 대해 다음과 같이 대답합니다.

 미디어 재현은 영화, TV쇼, 뉴스기사, 광고와 같은 다양한 양식의 미디어가 개인, 집단, 사건, 이슈를 그리고 묘사하는 방식을 의미합니다. 이 개념은 사람, 장소, 사건이 미디어 내용 속에 제시되고 해석되며 틀 지워지는 방식을 포괄하기도 합니다.
Media representation refers to how various forms of media, such as films, television shows, news articles, and advertisements, depict and portray individuals, groups, events, and issues. It involves the ways in which people, places, and events are presented, interpreted, and framed within media content.

미디어는 특정 사건이나 이슈, 특정 인물을 어떤 식으로든 재현하고 있습니다. 이 과정에서 어떤 집단의 목소리는 들리지 않게 되고 어떤 집단의 목소리는 부각될 수 있습니다. 또한 어떤 개인에 대한 부정적 이미지가 강조될 수 있고 어떤 개인에 대한 긍정적 이미지가 부각될 수도 있는 것입니다. 가령 미디어가 사고 현장에 투입된 경찰들이 열심히 인명구조에 헌신하는 모습을 재현한다면 경찰에 대한 긍정적 이미지가 강조될 수 있습니다. 이런 보도를 접한 대중들은 경찰에 대한 호감을 가질 가능성이 큽니다. 하지만 미디어가 경찰의 비리를 지속적으로 재현한다면 경찰에 대한 부정적 이미지가 부각될 수 있습니다. 국민의 삶을 돕는 경찰의 모습이 아니라 비리집단으로서의 경찰의 이미지가 강조될 수 있는 것이죠. 이 같은 보도를 접한 대중은 경찰에 대한 실망감과 분노를 가질 가능성이 큽니다.

가끔씩 우리는 연예인의 음주운전에 관한 보도를 접합니다. 연예인은 대중에게 잘 알려진 공인이기 때문에 그들의 일거수일투족은 늘 언론의 보도 대상이죠. 언론이 음주 사실을 집중적으로 보도하게 되면 해당 연예인에 대한 우리의 이미지는 나빠질 수밖에 없습니다.

미디어 재현에 대한 흥미로운 연구를 소개해 볼게요. 연구자들은 유튜브 영상콘텐츠에서 러시아, 우크라이나, 우즈베키스탄 등 구소련권 여성들이 어떻게 재현되고 있는지 분석했습니다(김현진·이은별, 2022). 그 결과 유튜브 채널들은 구소련권 여성의 외모와 태도를 높이 평가함으로써 이들을 한국 남성의 연애 및 결혼 대상으로 재현했습니다. 즉 '어떻게 하면 이들과 사귀며 결혼할 수 있을까?'가 콘텐츠의 주요 주제를 차지한 것이죠. 또한 한국 남성들이 한국 여성에 대해 갖고 있던 반감과 반페미니즘 정서가 유튜브를 통해 표출되었고 구소련권 여성들은 한국 남성들이 잃어버린 남성성을 회복할 수 있는 대안으로 묘사되었습니다. 더불어 이들 여성들은 한국 사회의 기존 젠더 질서에 순응하며 출산이나 양육과 같은 생물학적 기능을 수행하는 데 적합한 존재로 묘사되었습니다.

여러분이 태어나기 훨씬 이전인 1980년대는 국내에 학생운동이 활발했던 때입니다. 외신들이 한국 소식을 전할 때 주로 학생들이 경찰에 맞서 화염병을 던지거나 쇠파이프를 휘두르는 장면을 많이 소개했다고 하네요. 이럴 경우 외국 미디어는 한국 학생 시위의 폭력성을 부각시키면서 이들을 폭력적이고 과격한 집단으로 재현하고 있다고 볼 수 있습니다. 이러한 보도가 지속되면 학생들이 당시 왜 거리 시위에 참여하고 경찰에 맞서 싸웠는지는 제대로 전달되지 않겠죠.

우리 사회에서 청소년 여러분들은 미디어에 의해 어떻게 재현될까요? 미디어가 입시 위주의 교육과 학원에서 밤늦도록 공부하는 모습을 부각시키면 우리나라 학생들은 좋은 대학에 가기 위해 사교육에 많은 돈을 쓰고 오직 공부에만 열중하는 존재로 재현됩니다. 실제로 밤 10시가 지난 후 학원을 마치고 나오는 학생들을 태우기 위해 길게 줄을 선 자가용의 행렬이나 책이 가득한 여행용 가방을 끌고 학원을 다니는 학생들의 모습을 미디어는 간혹 보도하기도 했습니다. 이런 보도는 사교육에 열중하는 한국학생들의 이미지를 재현하고 있습니다.

　우리 사회에서 늘고 있는 다문화가정에 대해서 미디어가 어떻게 재현하는지 한번 살펴보죠. 미디어는 언어적 어려움을 겪고 있는 다문화가정의 모습을 전하면서 이들을 우리 사회의 보살핌이 필요한 존재로 재현할 수 있습니다. 이 경우 한국 사회 적응에 어려움을 겪는 다문화가정의 모습을 강조하여 묘사할 가능성이 큽니다. 반면 다문화가정 구성원이 우리 사회의 당당한 주체가 되어 활동하는 모습을 묘사할 수도 있습니다. 가령, 미디어는 통역가로 활동하면서 우리 사회에 기여하는 다문화가정의 모습을 전달할 수도 있고 우리 사회의 취약계층을 위해 자원봉사활동을 벌이는 다문화가정을 소개할 수도 있습니다. 이처럼 다문화가정을 우리 사회의 손길이 필요한 존재로 묘사하거나 우리 사회에 이바지하고 있는 모습을 강조하는 것은 대중의 인식에도 다른 영향을 미칠 수 있습니다. 전자의 경우라면 다문화가정을 불쌍하고 나약한 존재로 생각하기 쉬우며 후자의 경우에는 우리 사회에 도움이 되는 소중한 존재로 인식할 가능성이 큽니다.

　스포츠 경기에도 미디어 재현 개념이 적용될 수 있습니다. 2022년 카타르 월드컵 때 일본과 독일의 예선전이 끝난 후 경기장 쓰레기를 치우는 일본 응원단의 모습이 보도가 됐습니다. 즉 미디어는 일본 응원단들을 질서를 잘 지키고 타인을 배려하는 존재로 재현하고 있습니다. 이렇게 되면 시청자들은 일본인에 대한 호감과 긍정적 이미지를 갖게 되겠죠. 반면 영국의 훌리건처럼 경기장에서 난동을 벌이거나 폭력을 행사하는 장면이 부각되면 영국 관중들은 폭력적이고 비이성적인 존재로 재현되는 것입니다.

미디어가 특정 인물이나 사건, 이슈 등을 어떻게 재현하느냐에 따라 대중들의 인식도 달라지기 때문에 정치권에서도 이미지 정치를 강조하고 있습니다. 이왕이면 긍정적인 이미지를 심어줘야 표를 많이 얻겠죠. 선거 때만 되면 시장에서 어묵이나 떡볶이를 먹으면서 시장 상인들과 이야기를 나누는 정치인들의 모습을 미디어를 통해 많이 봤을 것입니다. 이런 장면은 대중적이고 서민적인 정치인의 이미지를 강조하기 위해 의도적으로 기획된 것일 가능성이 큽니다. 홍수나 산불 등 자연재해가 발생했을 때도 현장에 달려가 자원봉사를 하는 정치인의 모습도 자주 미디어에 나타납니다. 이러한 장면도 정치인에 대한 서민적 이미지를 재현하고 있습니다. 하지만 진정성이 없이 형식적인 봉사에 그칠 경우 오히려 부정적인 이미지가 강화될 수도 있습니다.

이처럼 언론이 특정 사건이나 인물을 어떻게 재현하는지는 매우 중요한 문제입니다. 이 과정에서 미디어가 현실을 제대로 재현하고 있는지 비판적으로 살펴볼 필요가 있습니다.

 생각해 볼까요?

1. 일부 포털 사이트를 보면 주요 뉴스가 메인 화면에 나와 있습니다. 포털은 어떤 뉴스를 메인에 배치하는지 탐구해 봅시다.

2. 일반 언론사의 게이트키퍼와 포털뉴스의 게이트키퍼가 기사를 취사선택하는 과정이 어떻게 다른지 탐구해 봅시다.

3. 드라마 <이상한 변호사 우영우>에서 발달장애인에 대한 미디어 재현이 어떻게 이뤄졌는지 탐구해 봅시다.

챗GPT 시대
청소년을 위한 미디어 탐구

인스타그램과 유튜브의 특성은 무엇일까요?

이 장은 청소년들이 즐겨 이용하는 인스타그램과 유튜브의 특성에 대해
설명하고 있습니다. 아울러 이러한 소셜 미디어가 초래할 수 있는 위험성에
대해 논의합니다.

인스타그램 세대

지금 청소년들은 인스타그램 세대라고 해도 과언이 아닐 정도로 인스타그램에 빠져 있는 청소년이 많습니다. 인스타그램은 이용자들이 타인과 정보를 교환하고 감정을 나누는 대표적인 소셜 네트워크 플랫폼입니다. 흔히 소셜 네트워크 서비스(Social Network Service, SNS)라고도 하죠.

제가 근무하고 있는 한국청소년정책연구원이 2021년 조사한 결과에 따르면 10대 청소년들이 가장 자주 사용하는 소셜 미디어는 인스타그램으로 나타났습니다(배상률 외, 2021). 이어 페이스북과 틱톡이 그 뒤를 이었습니다. 몇 년 전만 하더라도 페이스북이 우세였는데 이제 인스타그램이 청소년 미디어 문화의 주류가 되었네요. 조사 결과 남학생보다는 여학생이, 중학생보다는 고등학생이 더 적극적으로 인스타그램을 이용하고 있는 것으로 나타났습니다. 아시다시피 인스타그램은 사진과 영상 위주로 이야기를 전달하는 소셜 플랫폼입니다. 이미지와 영상에 익숙한 지금의 10대 문화에 가장 잘 어울리는 미디어인 것 같습니다.

가장 자주 사용한 소셜 미디어 순위

순 위	종 류	
1위		인스타그램
2위		페이스북
3위		틱톡
4위		트위터
5위		블로그

배상률·이창호·김남두 (2021). 청소년 미디어 이용실태 및 대상별 정책대응방안 연구 Ⅱ: 10대 청소년. 110쪽.

청소년들이 인스타그램을 어떻게 이용하고 있는지 알아보기 위해 한국청소년정책연구원이 수행한 면접조사 결과를 몇 가지 들어보겠습니다(배상률 외, 2021). 청소년은 주로 자신의 일상을 기록하기 위해 일기장처럼 인스타그램을 사용하는 경우가 많고 주위 친구들이 이용하니까 따라하는 경우도 많았습니다. 그 밖에 자신의 취미와 관심 분야에 관련한 콘텐츠를 자주 올리기도 합니다.

"농구하는 걸 좋아하다 보니 농구에 대한 정보도 얻을 수 있고 농구 경기도 짧게 관람할 수 있다. 음식, 요리하는 방법을 본다. 친구가 100명 이상이다. 같은 반 친구도 있고 학교 친구, 모르는 사람도 있다. 사진 올리는 것은 싫어한다. 주로 보기만 한다. 친구들이 뭘 먹었는지, 어디로 여행을 갔는지, 어떻게 공부를 하고 있는지 등 정보를 주로 탐색한다. 어느 날 친구들이 많이 하기에 분위기에 휩쓸려서 시작을 하게 됐다. 친구들과 소통할 수 있고 원하는 정보를 얻을 수 있으며 여가 시간을 재미있게 보낼 수 있어 좋다." (중3, 남학생)

"SNS의 경우 인스타그램을 주로 즐긴다. 학교 친구들이랑 연락하거나 게시물을 구경한다. 취미가 태권도인데 태권도 하는 장면을 스마트폰으로 찍어 인스트그램에 올린다. 친구들이 '좋아요'도 눌러주고 댓글도 달아준다. 친구들이 태권도 잘한다고 칭찬하면 기분이 좋아진다. 현재 태권도 3단이다." (중1, 여학생)

"인스타그램도 많이 쓰는 편이다. 친구들이 40명 정도 된다. 하루에 있었던 특별한 일이나 일상생활을 올린다. 가령, 차에 앉아 있는 장면이나 공부하는 장면, 여행 갔을 때의 풍경사진 등을 올리는 편이다." (중2, 여학생)

"SNS의 경우 인스타그램을 잘 사용한다. 경치 좋은 곳, 맛있는 집, 친구들이랑 노는 장면을 사진으로 담아 올린다. 〈미미미누〉 인스타그램을 팔로우하고 있는데, 예전에 그곳에 댓글을 단 적이 있는데 운영자가 '좋아요'도 눌러줘서 매우 기뻤다. 인스타그램의 경우 친구들이 다 하고 있어 해봤더니 좋았다. 특히 고등학교에서 알게 된 친구들과 더 친해질 수 있는 계기가 되었다. 사진 찍는 걸 좋아하다 보니 이미지를 올리는 것이 좋다. 친구들이랑 연락할 때에도 페이스북, 인스타그램 메시지 기능을 사용한다." (고1, 남학생)

"인스타그램을 제일 많이 본다. 200명 가량 친구들이 있다. 초등학교 동창도 있고 외국인 친구도 있다. 맞팔돼 있는 친구들 소식도 듣고 추천 영상을 많이 본다. 춤추는 영상이나 화장품 사용 후기 영상을 주로 본다. 내 취미가 춤추는 것이다. 뷰티 관련 학과에 진학하려다 보니 화장품에 관심이 많다. 셀카나 친구들이랑 기억하고 싶을 때 영상을 찍어 올린다. 춤 학원을 다녔었는데 이때 친구들이나 강사가 댓글을 주로 달아준다. 다들 칭찬해 주고 관심받는 거니까 기분이 좋다." (고3, 여학생)

"인스타그램의 경우 게시물을 올리고 스토리(24시간이 지나면 없어짐)에 짤막하게 글을 올린다. 친한 친구들끼리 만나는 계정이 있는데 여기에는 자신의 일상사를 올린다. 지금 기분이라든지 오늘 무엇을 먹었는지와 같은 시시콜콜한 이야기를 올린다. 주변 친구들이 다 하니까 인스타그램을 사용하게 됐다."(고2. 여학생)

지금의 10대 청소년들에게 인스타그램은 큰 인기를 얻고 있습니다. 영상 세대이니만큼 사진이나 영상을 공유하기 편리한 점이 주요 인기 원인입니다. 인스타그램의 부상에 따라 한때 10대들에게 인기를 차지했던 페이스북은 서서히 퇴색해 가는 분위기입니다.

인스타그램의 인기 역시 얼마나 오래 지속될지는 알 수 없지만 언젠가 이를 대체할 새로운 SNS가 등장하겠지요.

인스타그램의 부작용

인스타그램은 청소년들이 또래와 관계를 맺고 소통하기 위해 꼭 필요한 소셜 네트워크 플랫폼입니다. 하지만 인스타그램이 청소년에게 미치는 부작용도 만만치 않습니다.

첫 번째는 인스타그램 중독입니다. 인스타그램에 올라온 사진이나 동영상을 보거나 메시지를 확인하기 위해 수시로 스마트폰을 만지작거려야 할 때가 많습니다. 많은 청소년들이 스마트폰 중독을 호소하고 있습니다. 게임도 주요한 원인이지만 인스타그램을 비롯한 SNS도 중독의 중요한 부분을 차지하고 있습니다.

두 번째는 타인과의 비교에 의한 자존감 저하입니다. 인스타그램에 주로 게시되는 사진은 남에게 자랑하기 위한 것이 많습니다. 좋은 음식을 먹는 장면이나 좋은 곳에 여행 간 사진 등이 자주 게시됩니다. 일부는 이를 보고 좋아할 수도 있습니다. 하지만 맛있는 음식을 먹을 형편이 안 되거나 여행을 자주 갈 수 없는 환경에 처한 청소년들은 이러한 장면을 보고 자존감이 떨어지거나 상대적 박탈감을 느낄 수 있습니다.

세 번째는 사이버 폭력입니다. 학교 폭력의 현 추세는 오프라인 폭력은 줄어들고 온라인 공간에서의 따돌림이나 폭력이 늘어나고 있습니다. 온라인 공간은 청소년들이 많은 시간을 보내는 곳이고 부모의 감시와 통제를 벗어날 수 있어 사이버 폭력이 많이 발생할 수밖에 없습니다. 인스타그램에서도 사이버 폭력이 증가하고 있습니다.

사이버 폭력 혹은 사이버불링은 익명성을 빌미로
온라인 공간에서 발생하는 괴롭힘을 말합니다.

챗GPT에게 인스타그램에서 사이버 폭력이 어떻게 일어나는지
질문한 결과 아래와 같은 답변을 얻었습니다.

인스타그램은 소셜 미디어 플랫폼으로, 수많은 사용자들이 사진, 동영상, 메시지 등을 공유하고 상호작용하는 공간입니다. 하지만 이러한 플랫폼에서는 가끔씩 사이버 폭력이 발생할 수 있습니다. 사이버 폭력은 인터넷이나 디지털 기기를 통해 다른 사람에게 상처, 괴롭힘, 혐오표현 등을 전달하는 행위를 말합니다. 아래에서 인스타그램에서 사이버 폭력이 어떻게 일어나는지 몇 가지 예시를 들어볼게요.

1. 욕설과 혐오 발언: 사용자들은 댓글, 메시지, 게시물 등을 통해 다른 사용자에게 욕설이나 혐오 발언을 할 수 있습니다. 이는 상처를 주고 사람들을 괴롭히는 행위로 간주될 수 있습니다.

2. 사진 및 동영상의 비난과 모욕: 인스타그램에 업로드된 사진이나 동영상에 대해 다른 사용자들이 비난하거나 모욕적인 댓글을 달 수 있습니다. 이는 해당 사용자의 자존감을 상실시키고 정신적인 고통을 초래할 수 있습니다.

3. 사생활 침해: 사진이나 동영상을 통해 다른 사람의 사생활을 공개하거나 사적인 정보를 유출하는 행위가 있을 수 있습니다. 이는 해당 개인에게 수치심과 공포를 줄 수 있으며, 심각한 정서적 피해를 초래할 수 있습니다.

4. 인신 공격 및 명예 훼손: 사용자들은 다른 사람들을 공격하고 명예를 훼손하기 위해 거짓 정보를 유포하거나 폭력적인 언행을 할 수 있습니다. 이는 해당 사용자의 평판과 사회적 관계에 부정적인 영향을 미칠 수 있습니다.

인스타그램은 이러한 문제를 해결하기 위해 노력하고 있습니다. 플랫폼은 사용자들이 부적절한 콘텐츠를 신고하고 차단하는 기능을 제공하며, 사이버 폭력과 관련된 정책을 강화하고 있는 것으로 알려져 있습니다. 그러나 모든 사이버 폭력 사례를 예방하거나 제거하는 것은 어려운 문제이며, 사용자들 역시 온라인에서 적절한 행동을 취하는 깃이 중요합니다.

여러분들도 인스타그램을 이용할 때는 이러한 위험성이 있다는 것을 늘 염두에 두고 슬기롭게 미디어를 이용하는 습관을 기르기 바랍니다.

일상화된 유튜브 이용

지금의 청소년들은 유튜브를 통해 많은 정보를 얻습니다. 저희 연구원이 조사한 결과 청소년들은 시사뉴스 또한 유튜브를 통해 가장 많이 얻는 것으로 나타났고 그다음이 TV, 부모님이나 가족 순이었습니다(배상률 외, 2021). 유튜브 세대답게 유튜브를 통해 정치 관련 뉴스를 많이 접하고 있다는 뜻이죠. 아울러 TV도 중요한 역할을 하고 있습니다. 아무래도 청소년들의 경우 부모와 보내는 시간이 많다 보니 부모로부터도 정치 정보를 많이 얻고 있었습니다. 그만큼 부모의 역할이 크다는 것이죠. 하지만 종이신문이나 라디오 등 전통 매체를 통해 뉴스를 접하는 청소년은 매우 적었습니다.

유튜브가 청소년들 사이에서 인기를 얻다 보니 유튜브 크리에이터(전문적인 직업 유튜버)를 꿈꾸는 청소년들도 늘어나고 있습니다.

교육부가 초·중·고 학생들의 희망 직업을 조사한 결과 초등학생의 경우 크리에이터가 4위를 차지했고 중학생의 경우 12위를 기록했습니다(교육부 보도자료, 2022. 1. 18).

이러한 결과를 참고해 보면 현재의 청소년 세대는 유튜브 세대라고 해도 과언이 아닙니다.

그렇다면 청소년들은 어떤 유튜브 콘텐츠를 많이 이용할까요? 저희 연구원 조사 결과 청소년들은 유튜브를 통해 게임, 음악·댄스, 연예, 영화·드라마, 코미디·예능 콘텐츠를 즐기는 것으로 나타났습니다(배상률 외, 2021). 반면 학습·교육이나 뉴스·시사 주제를 다룬 유튜브 콘텐츠는 크게 인기를 끌지 못했습니다. 특히 장난감·놀이는 10대 청소년들에게 거의 인기가 없는 것으로 드러났습니다. 일부 주제에서는 성별 차이가 두드러졌는데요. 게임을 다룬 유튜브를 보는 경우는 여자보다 남자에게서 훨씬 높게 나타났습니다. 스포츠·운동 유튜브를 즐겨 보는 청소년들도 여자보다는 남자 집단에서 많았습니다. 반면 음악·댄스의 경우는 남자보다 여자가 더 많이 이용하는 것으로 조사됐습니다.

유튜브의 위험성

유튜브를 보다 보면 나도 모르게 유튜브에 오래 머무르게 되면서 생각보다 유튜브를 많이 이용하게 되는 경험을 한 번쯤 해봤을 것입니다. 이는 유튜브의 추천 알고리즘이 작용했기 때문입니다. 유튜브는 이용자가 관심 있는 정보의 패턴을 읽고 이와 유사한 정보를 지속적으로 추천하는 알고리즘 체계를 가지고 있습니다. 가령 모차르트 음악에 관심이 있어 이와 관련한 영상을 본다면 모차르트

유튜브에 '모차르트'로 검색하여 영상을 선택하면 오른쪽에
관련 콘텐츠와 추천영상들이 일렬로 나열됩니다.

음악이 지속적으로 추천영상으로 뜨게 됩니다. 월드컵에 관심이 있어 이와 관련한 영상을 본다면 월드컵 영상들이 계속 나에게 추천됩니다.

이같이 이용자가 관심 있는 정보가 계속 추천영상으로 올라오기 때문에 유튜브를 벗어나기가 힘든 것이죠. 본원 조사에서도 응답자의 60% 가량이 추천영상을 주로 시청한다고 답했습니다(배상률 외, 2021). 유튜브의 알고리즘 시스템은 이용자가 관심이 있는 영상을 찾게 해 준다는 면에서 긍정적인 측면이 있기도 하지만 유튜브 중독을 더욱 심화시킬 수 있는 위험도 있습니다.

또 하나의 문제점은 다양한 관점이나 시각을 가진 뉴스나 정보를 접할 가능성은 줄어들고 이용자의 선호나 관심에 부합한 정보를 습득할 가능성은 증가할 수 있다는 것입니다. 즉 자신의 관점과 신념에 일치하는 정보만 받아들이는 확증편향이 발생할 가능성이 큽니다. 이는 정치 유튜브의 경우에 많이 일어날 수 있습니다. 특정 정치 유튜브는 보수적이거나 진보적 관점에서 정치 콘텐츠를 전달하는 경우가 많습니다. 만일 자신의 정치적 입장이 보수적이라면 보수정치 유튜브를 계속 보게 되는 순간 자신의 정치적 이념을 더욱 강화하게 됩니다. 반대로 진보적인 성향의 이용자들은 진보 유튜브를 계속 보면서 자신의 정치적 입장을 더욱 굳건히 하게 되는 것이죠. 이러한 상황이 지속된다면 정치적 양극화가 초래돼 특정 사안에 대한 합리적인 논의와 소통은 더욱 어려워질 것입니다.

　사람들의 이목을 끄는 흥미 위주의 선정적인 콘텐츠가 많이 넘쳐나는 것도 유튜브의 중요한 문제점 중 하나입니다. 유튜브의 수익은 해당 유튜브를 구독하는 사람이 얼마나 많은지와 얼마나 많은 사람들이 콘텐츠를 보는지에 달려 있습니다. 이렇다 보니 많은 유튜브 운영자들이 조회수를 높이기 위해 자극적이거나 흥미로운 콘텐츠를 자주 방송하게 됩니다. 이 때문에 실제로 위험한 상황이 생기기도 합니다. 유튜브를 규제할 만한 마땅한 장치가 없다 보니 유튜브의 선정성, 폭력성은 법적 규제를 받는 지상파 방송에 비해 매우 높습니다. 자살하는 장면이 유튜브를 통해 그대로 생방송되는가 하면 공공시설에 무단침입하는 장면을 중계하는 경우도 있었습니다. 조회수를 높여야 돈을 벌기 때문에 사회에 유익한 내용을 전달하는 공익성에 충실하기보다는 돈벌이와 관련된 상업성에 초점을 두고 있는 것이죠.

유튜브의 조회수를 높이기 위해 지나치게 선정적, 자극적인
영상 콘텐츠가 난무하기도 합니다.

　어른들의 욕심 때문에 어린이 유튜버들의 인권이 유린되는 것도
문제입니다. 어린이들이 유튜브에 많이 등장하고 있지만 이들의 인
권을 보장하기보다 이들을 이용하는 경우도 많습니다. 2019년에는
5살인 쌍둥이 자매가 대왕문어를 힘겹게 먹는 영상이 유튜브에 올
라오면서 아동 학대 논란이 일기도 했습니다. 조회수를 높이기 위
해 어린이들을 이용하거나 이들을 위험에 빠뜨리는 경우는 이제 없
어야 하겠지요. 어린이들도 엄연히 인권(생존권, 보호권, 발달권, 참여
권)을 가지고 있습니다. 이들도 디지털 사회의 주요 위험으로부터
보호받을 권리가 있습니다.

지구가 평평하다든가 독도가 일본 땅이다와 같은 가짜 정보도 유튜브에 넘쳐나고 있습니다. 이 때문에 유튜브가 전달하는 정보를 꼼꼼히 체크하는 자세가 중요합니다.

이와 같이 유튜브는 우리에게 유익한 정보를 제공해 주기도 하지만 확증편향이나 허위정보의 범람 등 여러 문제점도 가지고 있습니다. 유튜브 세대라고 할 수 있는 청소년들이 유튜브의 장·단점을 잘 인지해 유튜브를 슬기롭고 유용하게 활용할 수 있도록 관련 교육이 활발히 이뤄져야 할 것입니다.

유튜브 콘텐츠 제작자 윤리

유튜브를 제작하여 운영하는 크리에이터도 지켜야 할 윤리가 있습니다. 챗GPT는 다음과 같은 사항이 중요하다고 말합니다. 정확한 사실을 전달하는 것과 저작권을 존중하는 것, 적절한 언어와 표현을 사용하는 것이 필요합니다. 아울러 광고와 협찬을 받은 경우 이를 투명하게 알리는 것이 중요하다고 하네요.

1. 콘텐츠의 정확성과 신뢰성: 유튜브에서는 정확하고 신뢰할 수 있는 콘텐츠를 제공하는 것이 중요합니다. 콘텐츠 제작자는 사실에 기반한 정보를 제공하고, 출처를 명확하게 밝히는 등의 노력을 해야 합니다. 잘못된 정보나 허위 내용을 고의적으로 유포하지 않도록 주의해야 합니다.

2. 저작권과 지적재산권 존중: 유튜브에서는 타인의 저작권과 지적재산권을 존중해야 합니다. 다른 사람의 저작물을 무단으로 사용하거나 불법적으로 공유하는 것은 금지됩니다. 저작권 침해를 피하기 위해 출처를 명확하게 밝히고, 저작권자의 동의를 얻는 등의 조치를 취해야 합니다.

3. 존중과 품위 유지: 유튜브 커뮤니티 내에서는 상호 간의 존중과 품위 유지가 필요합니다. 악의적인 비난, 혐오적인 언행, 인신공격 등은 피해야 합니다. 콘텐츠 제작자와 시청자는 서로를 존중하고, 다양한 의견과 다른 견해에 대해 개방적이고 허용적으로 대해야 합니다.

4. 언어와 표현의 적절성: 유튜브에서는 적절한 언어와 표현을 사용해야 합니다. 욕설, 혐오 발언, 차별적인 언행 등은 타인에게 상처를 주거나 유해한 환경을 조성할 수 있으므로 피해야 합니다.

5. 악용과 악성 행위 방지: 유튜브를 악용하거나 악성 행위를 하는 것은 안전하고 건전한 커뮤니티를 유지하는 데 방해가 됩니다. 사용자는 사이버 괴롭힘, 개인정보 유출, 스팸 홍보 등의 악성 행위를 지양해야 합니다.

6. 광고와 협찬의 투명성: 유튜브에서 광고와 협찬을 포함한 스폰서십은 투명하게 공개되어야 합니다. 콘텐츠 제작자는 자신이 광고를 진행하거나 협찬을 받는 경우, 시청자에게 명확히 알려야 합니다.

혹시 여러분 중 유튜브를 운영하는 청소년이 있을 수 있는데요. 위 사항들을 잘 준수하고 있는지 확인해 보시기 바랍니다.

이러한 유튜브의 위험성 때문에 청소년들이 유튜브의 장·단점을 잘 인지할 수 있도록 관련 교육이 활발히 이뤄져야 합니다.

 생각해 볼까요?

1. 청소년들이 인스타그램을 왜 많이 이용하는지 이야기해 봅시다.

2. 인스타그램에서 일어날 수 있는 부작용에 대해 탐구해 봅시다.

3. 정치 성향이 강한 정치 유튜브를 찾아 이를 보면서 추천영상으로 어떤 것이 올라오는지 분석해 봅시다.

5

CHAPTER

챗GPT 시대
청소년을 위한 미디어 탐구

메타버스와 챗GPT의 특성은 무엇일까요?

이 장은 메타버스와 챗GPT의 개념과 특성에 대해 살펴보고 있습니다.
아울러 이들 매체를 잘 활용하기 위한 유용한 정보를 제공합니다.

메타버스의 개념 정의

2022년은 메타버스의 해로 기록될 정도로 메타버스가 급속하게 확산됐습니다. 챗GPT의 도움을 얻어 메타버스가 무엇인지 알아봤습니다. 아래 내용은 챗GPT가 알려준 메타버스의 정의입니다.

1. 메타버스는 가상 현실(Virtual Reality, VR)과 현실 세계를 결합한 공간으로, 사람들이 가상 세계 안에서 다양한 상호작용과 활동을 할 수 있는 온라인 환경을 의미합니다. 메타버스는 가상 세계를 구축하고 관리하는 플랫폼이며, 사용자들은 가상 아바타를 통해 이 공간에서 다른 사용자들과 소통하고 창작 활동을 할 수 있습니다.

2. 메타버스는 일상생활의 다양한 측면을 시뮬레이션하며, 사회적 상호작용, 경제활동, 엔터테인먼트 등을 포함한 다양한 경험을 제공합니다. 예를 들어, 가상 상점에서 상품을 구매하거나 판매할 수 있고, 가상 랜드마크를 탐험하거나 가상 협업 환경에서 작업을 수행할 수도 있습니다.

3. 메타버스는 실제 세계와는 분리된 독립적인 공간이지만, 현실과의 유기적인 연결도 가능합니다. 예를 들어, 현실에서 실시간으로 발생하는 데이터를 메타버스로 가져와 가상 경제나 가상 이벤트에 활용할 수 있습니다. 또한, 메타버스에서의 활동이 현실에 영향을 미치기도 합니다. 이러한 특징들은 현실과 가상 공간의 경계를 허무는 새로운 형태의 온라인 경험을 제공합니다.

4. 메타버스는 가상 현실 기술의 발전과 온라인 커뮤니티의 확대로 더욱 주목받고 있습니다. 기술 기업들이 메타버스에 대한 플랫폼 개발과 투자를 진행하고 있으며, 다양한 산업 분야에서도 메타버스를 활용한 서비스와 비즈니스 모델이 등장하고 있습니다.

자신의 아바타를 이용하여 타인과 가상 공간에서 상호작용하는 플랫폼이 메타버스라 할 수 있습니다. 특히 현실 세계를 가상 공간에 그대로 옮겨놓아 실재감을 느낄 수도 있습니다. 대표적인 메타버스가 여러분들이 좋아하는 '제페토'와 '로블록스'입니다. '게더타운'은 회의 목적으로 많이 사용되고 있습니다. 제가 근무하는 연구원도 게더타운을 만들어 중요한 학술 행사를 메타버스를 통해 치렀습니다. 저희 연구원은 매년 아동·청소년 패널 학술 대회를 주관하고 있습니다. 코로나 이전에는 주로 회의실을 빌려서 했는데 코로나 이후에는 메타버스 게더타운을 통해 하고 있습니다. 오프라인

공간에서 학술 대회를 열면 대관료, 식비 등의 비용이 많이 듭니다. 하지만 온라인 공간에서 하게 되면 비용이 적게 드는 장점이 있죠. 더욱이 참가자들이 오가는 데 드는 시간을 절약할 수 있어 메타버스 학술 대회를 선호하는 경향이 있습니다.

제페토, 로블록스, 게더타운과 같은 메타버스를 이용해
다양한 온라인 경험을 할 수 있어요.

메타버스 윤리

개인들은 여러 가지 이유로 메타버스를 이용하지만 메타버스 이용에도 지켜야 할 윤리가 있습니다.

「메타버스 탑승 가이드라인」(2022)이 아동용과 보호자용으로 제공되고 있어요.

2022년 7월 굿네이버스는 '메타버스 안전하게 탑승하기' 캠페인을 전개하면서 총 8가지 가이드라인을 발표했습니다. 메타버스 공간도 다른 가상 공간과 마찬가지로 안전하게 사용하기 위해 지켜야 할 윤리가 있다는 거죠. 특히 메타버스는 자신이 꾸민 아바타가 활동하기 때문에 낯선 사람과의 접촉이 많을 수밖에 없고, 자신이 누구인지 숨기는 것이 가능하기 때문에 주의를 할 필요가 있습니다. 실제로 메타버스 내 아바타를 대상으로 성적 수치심을 안겨주는 성희롱이 사회적 문제가 되기도 했습니다. 메타버스를 이용하는 주 연령층이 10대 · 20대이다 보니 메타버스를 이용할 때 조심해야 할 필요가 있습니다.

최근 유행하고 있는 챗GPT에게 '청소년이 메타버스를 사용할 때 지켜야 할 윤리'에 대해 물어봤습니다. 챗GPT는 어떻게 답변했을까요? 아래는 챗GPT의 대답입니다.

1. 메타버스는 가상 세계이기 때문에 현실과는 다른 윤리적 이슈가 있을 수 있습니다. 청소년이 메타버스를 이용할 때 지켜야 할 윤리는 다음과 같습니다.

2. 다른 사람의 권리와 자유를 존중해야 합니다. 메타버스 내에서 다른 사용자의 개인정보나 창작물 등을 무단으로 사용하거나 공유하는 것은 절대 금지되며, 타인에게 피해를 주는 행위도 하지 않아야 합니다.

3. 성적인 언어나 비속어를 사용하지 않아야 합니다. 메타버스 내에서도 상대방을 존중하고 예의를 지켜야 합니다.

4. 도박, 약물 등 불법적인 활동에 참여하지 않아야 합니다.

5. 폭력적이거나 혐오스러운 행동을 하지 않아야 합니다. 메타버스 내에서도 모든 사용자는 평화롭게 함께 존재해야 합니다.

6. 저작권을 지켜야 합니다. 메타버스 내에서 창작물을 공유할 때는 자신이 창작한 것이거나 저작권을 소유한 것만 공유해야 합니다.

7. 부적절한 콘텐츠나 활동을 발견했을 때는 즉시 신고해야 합니다. 모두가 건강한 메타버스 문화를 만들기 위해서는 이러한 적극적인 참여가 필요합니다.

8. 자신의 개인정보를 보호해야 합니다. 메타버스 내에서도 개인정보는 중요한 자산입니다. 개인정보 유출을 방지하기 위해 비밀번호와 보안 설정 등을 철저하게 관리해야 합니다.

이러한 윤리적 지침을 따르면 메타버스에서 안전하게 즐길 수 있습니다.

청소년 여러분들도 메타버스를 이용할 때 챗GPT가 제안한 가이드라인을 꼭 염두에 두세요. 자신의 개인정보를 보호하면서 상대방을 존중하고 예의를 지키는 실천과 자세가 메타버스 시대에도 꼭 필요합니다.

챗GPT의 개념과 주요 특징

2022년 말 생성형 AI로 알려진 챗GPT의 등장은 많은 관심을 모았습니다. 기존의 검색방식은 검색어를 입력하면 관련 정보들이 나열돼서 이용자들이 필요한 정보를 찾는 형태였습니다. 하지만 챗GPT의 경우 질문만 던지면 해당 정보를 일목요연하게 정리해서 제공해 주기 때문에 이용자 입장에서는 편할 수밖에 없습니다. 이것이 대화하는 로봇까지 확장된다면 미래의 교육 환경도 많이 바뀌겠지요. 즉 궁금한 사항이 있으면 선생님 대신 로봇에게 질문하면 됩니다.

챗GPT란?

일론머스크Elon Musk 등이 설립한 비영리법인 오픈에이아이OpenAI가 개발하여 2022년 11월 30일 공개한 대화 전문 인공지능 챗봇이다. 챗은 채팅의 줄임말이고 GPT는 'Generated Pre-trained Transformer'의 앞 글자를 딴 것이다. 챗GPT는 사용자가 대화창에 텍스트를 입력하면 그에 맞춰 대화를 함께 나누는 서비스로, 공개 단 5일 만에 하루 이용자가 100만 명을 돌파하면서 돌풍을 일으키기 시작했다. 특히 질문에 대한 답변은 물론 논문 작성, 번역, 노래 작사·작곡, 코딩 작업 등 광범위한 분야의 업무 수행까지 가능하다는 점에서 기존 AI와는 확연히 다른 면모를 보이고 있다.

– 네이버 지식백과 –

그런데 챗GPT를 사용할 때도 우리는 늘 몇 가지 사항을 염두에
둬야 합니다. 무엇보다도 확인해야 할 것은 정보의 사실성입니다.

과연 챗GPT를 통해 나온 정보가 사실에 근거하고 믿을 만한 것
인지 따져봐야 한다는 것이죠. 즉 무조건 믿어서는 안 된다는 것입
니다. 챗GPT가 빠르게 확산되면서 많은 이용자들이 다양한 질문을
통해 이 인공지능의 성능을 테스트하고 있습니다. 좋은 정보를 잘
정리해 줘서 챗GPT를 좋아하는 경우도 있고 거짓정보를 그럴듯하
게 꾸며 실망하는 경우도 있습니다.

제가 경험한 것을 이야기해 볼게요. 챗GPT에게 〈조선왕조실록〉
에 기록된 세종대왕의 맥북프로 던짐 사건에 대해 질문하였습니다.
챗GPT는 〈조선왕조실록〉은 조선시대의 왕들의 일기록으로 전해지
는 대표적인 역사 기록물이지만, 세종대왕 시기에 맥북프로 던짐에
관련된 기록은 없다고 대답했습니다. 하지만 이 사건은 2014년 한
국에서 발생한 맥북프로 노동자들의 던짐 사건을 지칭하는 용어이
며 대한민국의 애플 제품인 맥북프로를 조립하는 공장에서 근로조
건과 노동환경에 대한 불만으로 노동자들이 던지는 행동을 통칭하
여 "맥북프로 던짐 사건"이라고 불렸다고 전합니다. 그럴듯해 보이
지만 거짓입니다.

이처럼 잘못된 정보가 있을 수 있기 때문에 사실을 체크하는 노

력은 챗GPT 시대에도 필요하다는 것이죠. 챗GPT의 경우 2021년 6월 이전까지의 정보만 학습한 모델이어서 그 이후 발생한 사건에 대해서는 답변을 하기가 어려운 경우가 많습니다. 이러한 한계를 잘 인식하여 챗GPT에게 질문을 할 필요가 있습니다.

앞으로 챗GPT와 같은 인공지능이 많이 나올 것으로 예상되기 때문에 질문을 하는 방식도 매우 중요할 것 같습니다. 질문을 어떻게 하느냐에 따라 인공지능이 제공하는 답변이 매우 다를 수 있기 때문입니다. 따라서 질문하는 방식에 대해서도 많이 훈련하고 학습해야 할 것입니다. 예를 들어, 미디어 리터러시에 대해 알고 싶은 경우 미디어 리터러시가 무엇인지 질문할 수 있습니다. 다른 한편으로 미디어의 범주가 포괄적이기 때문에 SNS 리터러시, AI 리터러시, 유튜브 리터러시 등 세부 하위영역에 대해 질문을 할 수도 있습니다. 즉 어떤 식으로 질문하느냐에 따라 답이 달라질 수 있기 때문에 적절한 질문을 하는 것이 매우 중요합니다.

챗GPT를 잘 활용할 수 있는 윤리적 역량도 필요합니다. 챗GPT가 출시된 지 얼마 지나지 않아 한 국제고등학교 학생들이 챗GPT를 이용해 영문에세이를 제출하여 전원 0점 처리된 사건이 일어났습니다. 챗GPT를 활용한 것을 적발하는 앱을 이용해 알아냈다고 하네요. 청소년 여러분들도 수행평가 과제를 제출할 때 챗GPT를 활용할 가능성이 큽니다. 이 경우 반드시 출처를 밝히는 것이 윤리적인 태도이겠죠. 또한 챗GPT를 인격체로 다룰 필요가 있습니다. 챗GPT가 내놓은 답이 마음에 안 들거나 거짓인 경우 챗GPT에게 화를 내거나 욕을 하면 인공지능과 더불어 살아가야 할 시대에 가지는 바람직한 태도는 아닐 것입니다. 인공지능과 대화한다고 생각하기보다 많은 정보를 알고 있는 전문가와 대화한다는 기분으로 챗GPT를 대해 보시기 바랍니다. 설사 챗GPT가 잘못된 정보를 제공하더라도 인공지능에게 정확한 정보를 알려줌으로써 함께 발전할 수 있는 방향을 모색해야 하겠죠. 챗GPT는 우리가 준 정보를 다시 학습함으로써 향후 보다 정확하고 신뢰할 만한 정보를 사람들에게 제공할 것입니다.

챗GPT에게 '챗GPT 시대 청소년이 갖춰야 할 리터러시 역량'에 대해 질문해 봤습니다. 챗GPT의 답변은 다음과 같습니다. 챗GPT가 작동하는 원리에 대해 기본적으로 이해하고 있어야 하고 대화와 커뮤니케이션 능력도 중요하다고 하네요.

챗GPT 리터러시|Chat GPT literacy란 챗봇 서비스인 챗GPT를 사용하는 데 필요한 역량과 지식을 의미합니다.

챗GPT는 인공지능 기술 중 하나로, 자연어 처리와 딥러닝 기술을 바탕으로 작동합니다. 이를 이용하여 채팅 상대와 대화를 할 수 있으며, 질문에 대한 답변, 일정 관리, 추천 등의 기능을 제공합니다.

따라서 챗GPT 리터러시를 갖추기 위해서는 다음과 같은 역량과 지식이 필요합니다.

1. 자연어 이해(Natural Language Understanding, NLU): 자연어 이해란, 사람이 사용하는 언어를 기계가 이해할 수 있는 형태로 변환하는 과정입니다. 이를 위해서는 자연어 처리 기술과 언어학적 지식이 필요합니다.

2. 대화 관리: 챗GPT를 사용하는 대화 상대가 누구인지 파악하고, 그에 맞는 대화 전략을 구사할 수 있어야 합니다.

3. 데이터 분석: 챗GPT를 통해 대화를 진행하면서 발생하는 대화 데이터를 분석하고, 모델을 개선하기 위한 피드백을 제공할 수 있어야 합니다.

4. 머신러닝: 챗GPT는 머신러닝 기술을 바탕으로 작동합니다. 따라서 머신러닝에 대한 이해가 필요합니다.

5. 커뮤니케이션: 챗GPT를 사용하는 대화 상대와의 커뮤니케이션 능력이 필요합니다. 적절한 태도와 언어로 대화를 이어나가면서, 상대방의 요구와 필요에 맞게 서비스를 제공할 수 있어야 합니다.

이러한 역량과 지식을 갖춘 사람은 챗GPT와 대화를 원활하게 진행할 수 있을 뿐 아니라, 서비스 개선에도 기여할 수 있습니다.

챗GPT의 대답이 마음에 들었나요? 제가 질문을 입력하자마자 순식간에 답변하는 인공지능을 접하면서 향후 인간 생활이 많이 바뀔 수 있겠다는 생각이 들었습니다.

과연 인간의 지능을 뛰어넘는 인공지능은 가능한 것일까요? 청소년 여러분들도 인공지능이 향후 여러분의 삶에 어떤 영향을 미치게 될지 한번 상상해 보시기 바랍니다.

인공지능 윤리의 이해

챗GPT를 포함한 인공지능과 공존해야 하는 세상에 우리는 살고 있습니다. 이에 따라 인공지능을 활용한 교육이 점차 확산되고 있습니다. 인공지능시대가 도래하면 마치 사회의 모든 문제가 해결될 것처럼 이야기를 하고 있죠. 하지만 인공지능이 인류에게 미칠 수 있는 위험성에 대한 관심이나 교육은 잘 이뤄지지 않고 있습니다. 기본적으로 인공지능 학습은 인간이 제공한 데이터를 기반으로 이뤄지기 때문에 완전할 수가 없습니다. 이것은 특정 집단에 대한 차별이나 사생활 침해 등의 문제가 언제든지 일어날 수 있다는 것이죠.

2018년 아마존은 AI 채용 프로그램을 개발하여 이를 직원 채용에 도입하려고 했습니다. 그런데 시뮬레이션 과정에서 남성 지원자가 여성 지원자보다 높은 점수를 받는 결과가 나타났습니다. 곧바로 아마존은 인공지능을 활용한 직원 채용 계획을 취소했습니다. 이런 편향이 나타난 이유는 아마존 개발 직원군 중 높은 성과와 좋은 평가를 받았던 남자 직원이 여자 직원보다 훨씬 많았기 때문인 것으로 보입니다. 입력한 데이터가 편향적이다 보니 결과도 그렇게 나타난 것이지요. 이 사례를 통해 알 수 있듯이 AI를 어떤 데이터로 학습시키느냐에 따라 결과는 매우 달라질 수 있습니다.

지난 2020년 12월 출시된 AI 챗봇 '이루다'는 21세 여대생으로 설정돼 출시되자마자 큰 인기를 끌었습니다. 하지만 성소수자에 대한 혐오 발언과 개인정보 유출 등으로 논란을 일으켰습니다. 일부 이용자들은 이루다와 채팅하면서 성희롱을 하기도 했습니다. 결국 3주 뒤 서비스를 중단하기에 이르렀죠. 이 사례는 인간과 인공지능과의 정서적 교감과 친밀한 대화가 원활히 이뤄질 때까지 꽤 많은 시간이 소요될 수 있다는 점을 시사해 주고 있습니다.

2020년 출시된 AI 챗봇 '이루다'(21세 여대생, ENFP)는
AI 윤리 논란으로 서비스가 중단되기도 했어요.

2023년 3월 트럼프 전 대통령이 뉴욕 경찰을 피해 도망치거나 경찰에 붙잡혀 있는 사진이 확산되면서 문제가 된 적이 있습니다. 인공지능이 만들어 낸 가짜 이미지임에도 불구하고 SNS를 통해 급속히 확산됐습니다. 트럼프 전 대통령이 여러 혐의로 수사를 받고 있는 상황이어서 이 가짜 사진을 믿었던 사람들이 많았을 것으로 추측됩니다. 이 사건처럼 인공지능이 확산되면서 가짜 영상이나 이미지가 넘쳐날 수 있어 인공지능이 생성하고 있는 정보에 대한 진위 여부를 판별할 수 있는 능력이 점차 중요해지고 있습니다.

인공지능의 확산에 따른 윤리적 문제가 대두되자 과학기술정보통신부(2020)는 2020년 국가 인공지능윤리기준안을 제시하였습니다. 인공지능개발은 인간에게 해가 되지 않고 인류의 삶과 번영을 위해 이뤄져야 하며, 인공지능시대가 도래하더라도 인간의 존엄과 가치는 훼손돼서는 안 된다는 것이 골자입니다. 특히 인공지능을 개발할 때 개인의 프라이버시를 침해하지 않고 인권을 존중하는 것이 중요하며, 데이터 수집 및 활용에 있어 편향성이 드러나지 않도록 하는 것이 중요합니다.

 생각해 볼까요?

1. 메타버스가 일상생활에 활용되는 사례를 찾아 봅시다.

2. 챗GPT가 빠르게 확산된 이유에 대해 탐구해 봅시다.

3. 챗GPT가 잘 대답하지 못하는 정보에 대해 탐구해 봅시다.

6

챗GPT 시대
청소년을 위한 미디어 탐구

디지털 미디어 리터러시란 무엇일까요?

이 장은 디지털 미디어 리터러시(문해력)의 개념과 구성요소에 대해 살펴보고 있습니다. 유럽위원회와 미국 커먼센스 등 외국의 디지털 미디어 리터러시 사례도 다룹니다.

디지털 미디어 리터러시의 개념과 구성 요소

리터러시literacy란 용어는 문식성 혹은 문해력으로 번역돼 우리 사회에서 사용되고 있습니다. 이 개념은 기본적으로 읽고 쓰고 이해하는 능력을 의미합니다. 리터러시의 의미는 역사적으로 변천돼왔다고 합니다(김성우·엄기호, 2020). 고대 시기에는 문학에 조예가 있는 학식 있는 사람이 리터러시가 높은 부류에 속했고 중세에는 라틴어를 읽을 수 있는 사람이 리터러시가 풍부한 집단이었습니다. 종교개혁 이후에는 모국어를 읽고 쓸 수 있는 능력을 가진 사람으로 정의됐다고 하네요. 이처럼 리터러시란 개념은 역사적으로 그

의미가 달랐습니다. 우리의 경우 세종대왕이 한글을 만든 이후 대중들이 글을 읽고 쓸 수 있었으니까 이때부터 리터러시가 등장했다고 볼 수 있겠네요.

디지털 미디어가 우리의 일상을 지배하면서 최근 디지털 미디어 리터러시(문해력) 교육에 대한 관심이 높아지고 있습니다. 디지털 미디어 리터러시 개념은 다양하게 정의할 수 있지만 기본적으로 디지털 미디어에 대한 비판적 이해와 디지털 미디어를 통한 사회적 참여, 디지털 미디어의 안전하고 올바른 사용 등을 의미합니다. 예전에는 미디어 리터러시란 용어가 많이 사용됐지만 디지털 기술이 발전하고 디지털 전환이 빠르게 추진되면서 디지털 미디어 리터러시란 용어가 현재는 많이 사용되고 있는 실정입니다.

디지털 미디어 리터러시는 상황에 따라 디지털 미디어 문해력, 디지털 소양 등으로 불리기도 합니다. 2022년 3월 25일 시행된 「디지털기반의 원격교육활성화 기본법」의 경우 디지털 미디어 문해교육을 강조하고 있습니다. 이 법에 따르면, 학교장이 실시해야 하는 디지털 미디어 문해교육은 ❶ 디지털 미디어에 대한 접근 및 활용능력 향상, ❷ 디지털 미디어에 대한 이해 및 비판능력 향상, ❸ 디지털 미디어를 통한 사회참여능력 향상, ❹ 디지털 미디어를 통한 민주적 소통능력 향상 등 네 가지입니다. 이들은 독립된 것이 아니라 상호 연관돼 있습니다. 즉 디지털 미디어를 통해 소통하기 위해서는 디지털 미디어에 접속해야 하고 디지털 미디어를 잘 활용할 줄 알아야 한다는 것이죠. 디지털 미디어를 통해 사회에 참여하기 위해서도 디지털 미디어를 잘 활용하고 이를 비판적으로 이해하는 안목이 필요합니다.

교육부 또한 〈2022 개정 교육과정〉을 통해 미래세대 핵심역량으로 디지털 기초 소양을 강화하고 정보교육을 확대할 것을 강조하고 있습니다(교육부 보도자료, 2021. 11. 24). 디지털 소양은 디지털 지식과 기술에 대한 이해와 윤리의식을 바탕으로 정보를 수집, 분석하고 비판적으로 이해, 평가하여 새로운 정보와 지식을 생산, 활용하는 능력을 의미합니다. 언어, 수리 소양과 함께 디지털 소양은 여러 교과를 학습하는 기초 소양으로 강조되고 있습니다. 디지털 소양이 각 교과에 반영이 된다면 디지털 미디어 리터러시교육은 향후 더욱 활성화되리라 봅니다.

디지털 미디어 리터러시는 '디지털 시민성'이란 개념으로 강조되기도 합니다. 디지털 시민성이란 현재와 같은 디지털 시대에서 어떻게 하면 더 책임감 있게 그리고 능동적으로 디지털에 참여할 수 있는가라는 것인데요. 가령, 유네스코(2015)의 경우에도 안전하고 책임 있는 정보통신기술 사용을 강조하고 있습니다. 주로 디지털 시민성을 강조하고 있는데요. 이는 크게 '디지털 리터러시(정보통신기술 혜택 및 온라인 참여), 책임 있고 윤리적인 온라인 행동, 온라인 위험으로부터의 보호, 존중과 공감을 포함한 가치 강화' 등 네 가지 영역으로 구성돼 있습니다. 디지털 시민성이 디지털 미디어 리터러시를 포괄하는 더 넓은 개념인 셈입니다.

국내에서도 디지털 미디어 리터러시 관련 연구가 최근 활발해지고 있습니다. 일부 연구는 미디어 리터러시 역량을 크게 수행역량과 기반역량으로 구분하고 있습니다(김현진 외, 2019). 수행역량은 이해와 비평, 소통과 참여, 표현과 생산을 포괄하는 개념입니다. 기반역량은 접근과 활용, 윤리와 보안, 웰빙과 문화를 포함하고 있습니다. 기존의 논의와 달리 눈에 띄는 역량은 웰빙과 문화인데 이 능력은 미디어에 너무 몰입하지 않고 다른 생활과의 균형을 유지하여 행복한 미디어 문화 생활을 영위할 수 있는 역량을 의미합니다.

민주시민육성을 위한 미디어 리터러시

영 역	하위역량	정 의
수행역량: 미디어활용	이해와 비평	미디어 재현적 특성 이해에 기초하여 정보와 서비스의 내용 및 알고리즘을 이해하고, 더 나아가 이를 비판적으로 이해하여 수용과 활용의 판단 근거로 삼는 능력
	소통과 참여	미디어를 통해 다른 사람과 소통하고 협업할 수 있으며, 시민으로서 정치 및 사회적 문제해결을 위해 사회적으로 참여할 수 있는 능력
	표현과 생산	미디어를 통해 자신의 생각과 의견을 표현하거나, 창의적인 콘텐츠를 생산하고 공유하여 개인의 목적 달성뿐 아니라 미디어 생태계에 기여하는 능력
기반역량: 미디어활용을 위한 성숙한 개인	접근과 활용	도구적 개인으로서 미디어활용을 위해 필요한 기술 활용능력으로 자신의 이용목적에 따라 기기, 정보, 서비스를 효율적으로 다룰 수 있는 능력
	윤리와 보안	책임 있는 개인으로서 미디어활용을 위해 필요한 배려, 예절, 윤리를 지키며 표절, 개인정보 및 데이터보안을 지키며, 이와 관련된 법(저작권법, 미디어법 등)을 준수하는 능력
	웰빙과 문화	미디어활용이 자신의 건강(중독예방 및 자기규제)과 정체성에 영향을 준다는 것을 알고, 미디어활용을 위해 미디어-다른 생활 간의 밸런스를 유지하며, 개인 및 사회적으로 놀이와 업무(공부)를 위해 행복한 미디어문화를 갖는 능력

김현진·김현영·김은영·최미애 (2019). 민주시민육성을 위한 미디어 리터러시 교육 방안 연구, 67쪽.

이처럼 디지털 미디어 리터러시란 개념은 디지털 소양이나 역량, 디지털 시민성 등 여러 이름으로 사용되고 있지만 이 개념의 핵심은 디지털 미디어 콘텐츠나 메시지에 대한 비판적 이해입니다. 디지털 미디어를 통해 전달되는 메시지가 사실에 근거한 것인지, 타당한지, 적합한 것인지를 비판적으로 분석할 수 있는 능력인 셈이죠. 아울러 어떤 맥락과 배경하에서 디지털 미디어 콘텐츠나 메시지가 생산되고 이를 받아들이는 수용자에게 어떤 영향을 미칠지를 비판적으로 사고하는 것이 디지털 미디어 리터러시의 중요한 요소입니다.

디지털 미디어를 통한 사회참여도 디지털 미디어 리터러시의 중요한 영역입니다. 유튜브 등 1인 미디어의 발달과 확산은 온라인 플랫폼에서 누구나 콘텐츠 생산자가 되도록 했습니다. 「디지털기반의 원격교육활성화 기본법」이 명시하고 있는 디지털 미디어를 통한 사회참여능력의 향상은 디지털 미디어 리터러시의 중요한 구성 요소입니다. 청소년들은 디지털 미디어를 활용하여 다양한 사회적 실천에 참여하면서 사회에 대한 관심을 갖고 공동체의식이나 시민의식을 함양할 수 있습니다.

이와 관련된 사례로 전주 소재의 한 고등학교 학생 이야기와 지적 장애를 가진 동생과 비장애인인 언니가 함께 운영하는 유튜브 '아보피치'를 소개하도록 하겠습니다.

사례 1   미디어를 통한 사회적 참여

전주 소재의 한 고등학교 학생들은 페이스북을 통해 자신들 고장의 이야기를 전 세계에 알리고 있었습니다. 보다 많은 나라 사람들이 접할 수 있도록 영어로 말이지요. 페이스북은 세계 모든 사람들이 접속할 수 있는 글로벌 디지털 미디어입니다. 학생들은 전주 지역의 문화와 전통을 취재하여 페이스북을 통해 세계 여러 나라의 사람들에게 한국 문화의 우수성을 알리고자 한 것입니다. 이 사례는 디지털 미디어를 통한 사회적 참여를 보여주는 의미 있는 사례로 볼 수 있습니다.

사례 2   미디어를 통한 장애 인식 개선

유튜브 '아보피치'는 지적장애를 가진 동생과 비장애인인 언니가 함께 운영하는 채널입니다. 이 채널은 발달장애에 대한 고정관념이나 편견을 없앰으로써 발달장애인에 대한 인식을 개선하려는 목적을 가지는데요. 언니와 동생이 여행도 가고 콘서트도 참가하는 등의 모습을 담고 있습니다. 또한 발달장애인이 겪는 어려움과 문제들을 시청자들과 공유함으로써 발달장애인에 대한 비장애인들의 이해를 높이고 있습니다. 그중 제가 인상 깊게 본 영상은 지적장애를 가진 동생이 지금까지 받았던 인지치료, 언어치료, 미술심리치료 등의 다

지적장애 동생이 지금까지 받았던 다양한 치료들과 활동을
소개하고 댓글로 소통했어요.

양한 치료 방법을 구체적으로 소개하고 장단점을 평가하는 부분이
었습니다. 특히 영상에 달린 댓글로 이 채널에 대한 시청자 반응을
확인할 수 있는데요. 호평일색입니다. 이 사례 역시 디지털 미디어를
통한 사회적 참여를 보여주는 의미 있는 사례의 한 예로 볼 수 있겠
습니다.

유튜브 '아보피치'에 달린 댓글

@user-j4md5sl5u 1년 전
초5 특수반 여자아이 키우고 있는 엄마인데
어제 검색하다 우연히 이 채널 발견하고 몇시간동안 봤네요~

다른 지적장애에 나오는 tv프로그램이나 뉴스보면 많이 우울했는데 이 채널은 기분좋게 봤습니다...
자세히 보기

👍 8   👎   답글

▾ 답글 1개

@user-jt6hl5ri9i 1년 전
안녕하세요~~
저희 둘째아이가 지적장애
받고 초등1학년에 입학하
우연히 유튜버를 보다 공감
자세히 보기

👍 3   👎   답글

▾ 답글 1개

@hyeyounglee6689 10개월
어머니께서 정말 대단하신
응원합니다^^

👍   👎   답글

@user-wh6gj9rj9o 2년 전
아이가 지적장애가 있어서

👍 7   👎   답글

▾ 답글 1개

@noraseo220 1년 전(수정됨)
동생의 사회생은 언니 덕분

👍   👎   답글

@user-ro7wm6sx3d 2년 전
항상 잘 찾아보고 있습니다.

👍 5   👎   답글

> 초5 특수반 여자아이 키우고 있는 엄마인데 어제 검색하다 우연히 이 채널 발견하고 몇 시간 동안 봤네요~
>
> 다른 지적장애인 나오는 TV 프로그램이나 뉴스 보면 많이 우울했는데 이 채널은 기분 좋게 봤습니다.
>
> 어머님이 정말 정성을 많이 쏟으면서 키우신 거 같아요. 치료정보도 많이 얻고 갑니다.
>
> 아보피치님 넘 밝으시고 말씀도 넘 잘 하시는거 같아요. 동생분도 정말 사랑 많이 받고 자란 게 보이네요~ 장애에도 불구하고 잘하고 좋아하는 분야의 직업을 빨리 찾으신 거 같아 넘 부럽습니다.
>
> 우리 아이들도 이렇게 밝고 자신감 있게 컸으면 좋겠네요~ 이 채널이 앞으로도 많이 알려져서 지적장애인에 대한 인식 개선이 바뀌면 좋겠습니다.
>
> 안녕하세요~~ 저희 둘째 아이가 지적장애 진단을 받고 초등 1학년에 입학하였어요
> 우연히 유튜버를 보다 공감되는 부분이 많기에 글을 남기게 되었습니다.
>
> ○○씨 밝고 넘 귀엽습니다~^^
> 앞으로도 많은 이야기 들려주세요♡

외국의 디지털 미디어 리터러시 논의 및 사례

우리 사회보다 앞서 서구 사회는 디지털 미디어 리터러시 교육을 오래전부터 강조해 왔습니다. 디지털 역량, 디지털 시민성 등 다양한 개념을 사용하고 있지만 넓게 보면 디지털 리터러시와 유사한 개념이라고 보면 됩니다.

유럽집행위원회는 시민들을 위한 디지털 역량 프레임워크인 〈DigComp 2.0〉을 2016년에 발표한 바 있습니다. 이를 통해 데이터 리터러시, 커뮤니케이션과 협력, 디지털 콘텐츠 창조, 안전, 문제해결역량을 강조하고 있습니다. 특히 정보와 디지털 콘텐츠를 해석하고 비판적으로 분석, 평가하는 능력인 데이터 리터러시를 강조한 것이 눈에 띕니다. 참고로 데이터 리터러시는 최근 디지털 미디어 리터러시의 중요한 하위영역으로 그 중요성이 커져가고 있는 분야입니다. 유튜브의 추천 알고리즘과 같이 이용자의 데이터에 기반한 알고리즘 체계를 비판적으로 분석할 수 있는 능력을 의미하죠.

디지털 역량 프레임워크

데이터 리터러시	정보와 디지털 콘텐트를 해석하고 분석하며 비판적으로 평가하는 능력
커뮤니케이션과 협력	디지털 기술을 통한 상호작용 및 정보공유 능력
디지털 콘텐트 창조	디지털 콘텐트를 창조하고 변형하거나 편집할 수 있는 능력
안전	디지털 환경으로부터 자신을 보호하는 능력. 개인정보와 사생활을 보호
문제해결	기술적 도움이 필요한 곳에서 적절히 디지털 기술을 활용하는 능력

European Commission (2016). DigComp 2.0: The Digital Competence Framework for Citizens.

미국의 비영리단체인 커먼센스(Common Sense, 2019)는 디지털 시민성을 강조하고 있습니다. 이 단체는 디지털 시민성을 "배우고 창조하며 참여하기 위한 책임 있는 기술의 사용(the responsible use of technology to learn, create, and participate)"으로 정의하고 있습니다(12쪽). 이에 따라 이 단체는 ❶ 미디어 균형과 안녕, ❷ 프라이버

시와 보안, ❸ 디지털 흔적과 정체성, ❹관계와 커뮤니케이션, ❺ 사이버불링cyberbullying과 혐오 발언, ❻ 뉴스와 미디어 리터러시 등 여섯 가지 영역을 청소년들이 배워야 할 것으로 제시하고 있습니다.

디지털 시민성의 구성 요소

구성 요소	내 용
미디어 균형과 안녕 (Media balance and well-being)	일상생활에서 미디어 이용과 오프라인 활동 간의 균형을 유지하는 방법
프라이버시와 보안 (Privacy and security)	온라인상에서 개인적인 정보를 안전하게 관리하기
디지털 흔적과 정체성 (Digital footprint and identity)	온라인 정체성을 유지하고 관리하는 방법을 학습
관계와 커뮤니케이션 (Relationship and communication)	온라인 공간에서 만나는 사람들과 어떻게 관계를 맺고 커뮤니케이션 할 것인지 학습
사이버불링, 디지털 드라마, 혐오 발언 (Cyberbullying, digital drama & hate speech)	사이버불링 및 혐오 발언에 대처하는 방법 배우기
뉴스와 미디어 리터러시 (News and media literacy)	신뢰할 만하고 진실한 디지털 뉴스와 정보 찾기

Common sense (2019). Teaching Digital Citizens in Today's World.

미국의 미디어 학자인 르네 홉스(2010)는 디지털 미디어 리터러시가 ❶ 접근능력, ❷ 분석과 평가, ❸ 창조능력, ❹ 성찰능력, ❺ 실천능력으로 구성된다고 주장합니다. 먼저 접근능력은 디지털 기술을 이용하여 정보를 얻거나 타인과 교류하는 역량입니다. 분석과 평가능력은 디지털 미디어가 전달하는 메시지가 얼마나 신뢰할 만한지를 분석, 평가할 수 있는 비판적 사고역량을 의미합니다. 창조능력은 디지털 미디어를 활용하여 콘텐츠를 구성하고 창조할 수 있는 역량을 일컫습니다. 성찰능력은 사회적 책임과 윤리적 기준을 자신의 미디어 이용 경험에 적용하여 자신의 커뮤니케이션 행위를 되돌아보는 역량을 의미합니다. 가령, 타인에 비해 미디어를 너무 많이 이용하지는 않는지, 타인과 소통할 때 남을 비방하거나 괴롭히는 언어를 사용하지는 않는지와 같이 자신의 미디어 이용 경험을 반성해 보는 것입니다. 마지막으로 실천능력은 디지털 미디어를 활용하여 공동체 문제해결에 동참할 수 있는 역량을 말합니다.

디지털 미디어 리터러시의 본질적 역량

접근
(Access)

- 미디어 테크놀로지의 이용
- 타인과의 정보 공유

분석과 평가
(Analayze & Evaluate)

- 메시지 질과 신뢰성을 분석할 수 있는 비판적 사고능력
- 메시지가 미치는 영향을 고려

창조
(Create)

- 창조적인 미디어 콘텐츠 구성 능력

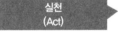

성찰
(Reflect)

- 사회적 책임과 윤리적 기준을 자신의 경험과 커뮤니케이션 행위에 적용

실천
(Act)

- 커뮤니티 문제해결에 동참

Hobbs, R. (2010). *Digital and media literacy: A plan of action.* pp. 19.

디지털 미디어 리터러시 역량 강화 방안

　디지털 미디어가 일상화된 시대에는 디지털 미디어를 올바르게 사용할 수 있는 역량이 중요합니다. 이러한 역량을 함양하기 위해서는 먼저 디지털 미디어가 사회를 변화시키는 중요한 수단이 될 수 있다는 것을 인식하는 것이 중요합니다. 이후 디지털 미디어를 통해 사회문제 해결에 참여할 수 있는 다양한 활동에 참여할 필요가 있습니다. 예를 들어, 여러분들은 지역사회가 안고 있는 문제를 취재하여 카드뉴스를 만들거나 짧은 다큐멘터리 영상을 만들 수 있습니다. 또한 입시 위주의 교육이나 지나친 사교육비 지출과 같이 우리나라 교육이 직면하고 있는 현안 이슈와 관련하여 기획취재를 할 수도 있습니다. 이 과정에서 취재한 내용을 서로 논의하고 무엇을 부각시켜 보도할 것인지를 토의함으로써 미디어의 작동원리를 이해하게 되고 활동적 시민이자 비판적 시민으로 성장할 수 있는 토대를 쌓게 되는 것이죠.

　인공지능과 같은 새로운 기술의 발전은 거짓 정보나 조작된 정보가 넘쳐나는 세상을 만들 수도 있습니다. 점차 정보를 검색하고 검색된 정보의 진위 여부나 신뢰성을 판단하는 능력이 매우 중요해질 것으로 예상됩니다. 정보의 출처를 확인하고 정보의 신뢰성을 검증하는 능력을 청소년시기부터 키워나가야 합니다.

생각해 볼까요?

1. 디지털 미디어 리터러시가 왜 중요한지 탐구해 봅시다.

2. 디지털 미디어를 통한 사회참여 사례로 어떤 것이 있는지 찾아봅시다.

3. 자신의 디지털 미디어 이용 경험을 성찰할 경우 어떤 부분을 성찰하고 싶은지 탐구해 봅시다.

7

CHAPTER

챗GPT 시대
청소년을 위한 미디어 탐구

미디어를 비판적으로 이해하는 방법은 무엇일까요?

이 장은 미디어를 비판적으로 이해하기 위한 방법을 제시합니다. 즉 가짜뉴스, 낚싯성 기사, 인공지능 등 우리 사회에 영향을 미치고 있는 정보들에 대해 비판적으로 분석할 수 있는 능력을 알려줍니다.

미디어 리터러시 핵심 질문

우리 사회에서 미디어 리터러시 교육의 역사는 꽤 오래되었다고 볼 수 있습니다. 하지만 구체적으로 미디어를 어떻게 비판적으로 분석할 것인지에 대한 논의는 상대적으로 부족한 것 같습니다.

미국의 미디어 리터러시 센터Center for Media Literacy와 캐나다의 미디어 스마트Media Smarts는 미디어 리터러시 핵심 질문을 크게 생산자, 언어, 수용자, 상업성, 재현과 가치에 따라 구성하고 있습니다(교육부 외, 2022 참조). 즉 미디어 메시지가 누구에 의해, 어떤 목적으로 구성되어 있는지 비판적으로 살펴보라는 것입니다. 아울러 미디어의 상업성과 특정 인물이나 집단에 대한 미디어 재현도 비판적인 시각에서 바라볼 필요가 있습니다.

미디어 리터러시 핵심개념과 질문

핵심개념	핵심지식	핵심질문
생산자	미디어의 메시지는 구성된다.	• 미디어 텍스트를 누가 만들었나요? • 미디어 텍스트를 만든 목적은 무엇일까요? • 나는 미디어 텍스트를 어떤 목적으로 만들고 있나요?
언어 (형식)	미디어의 메시지는 고유한 심미적 언어와 형식에 따라 구성된다.	• 미디어 텍스트는 당신의 주목을 끌거나 메시지를 전하기 위해 어떤 기법을 사용했나요? • 제시된 이미지는 조명, 각도 등 여러 미디어 기술을 어떤 방식으로 사용했나요? • 인쇄광고, TV드라마, 뮤직비디오 같은 미디어 장르는 어떤 의미를 기대하게 하나요? • 내가 만드는 미디어 텍스트는 형식, 창의성, 기술에 대한 이해를 어떻게 반영하고 있나요?
수용자	동일한 메시지라도 수용자에 따라 다르게 받아들인다.	• 수용자의 성별, 인종, 직업, 나이 등이 다르다면 그들은 미디어 생산물의 의미를 어떻게 받아들일까요? • 여러분은 미디어 생산물에 나타난 사람들과 얼마나 비슷하고 또 다른가요? • 내가 만드는 미디어 텍스트는 수용자들에게 어떤 반응을 불러일으킬까요?
상업성	미디어는 상업적인 이익이나 사회적 힘을 얻기 위해 만들어진다.	• 미디어 생산물은 어떤 상업적 이익을 위해 만들어졌을까요? • 미디어 생산물이 얻고자 하는 이익이 상업적인 것이 아니라면, 어떤 사회적 목적을 갖나요? • 미디어 생산물이 가지는 목적은 그 내용과 소통방식에 어떤 영향을 줄까요? • 내가 이 미디어 텍스트 생산을 통해 얻고자 하는 상업적 이익이나 사회적 힘이 있다면, 그것은 무엇인가요?
재현과 가치	미디어는 사회적, 정치적 함의를 지닌다.	• 미디어 텍스트에서 특정 그룹의 사람이나 대상이 어떻게 긍정적 혹은 부정적으로 제시되었나요? • 그 사람들이나 대상이 왜 그러한 특정한 방식으로 제시되었을까요? • 미디어 생산물에 전혀 드러나지 않는 사람이나 대상이 있지는 않은가요? • 내가 만든 미디어 텍스트에는 나 자신의 가치, 신념, 관점이 어떻게 일관되게 제시되어 있나요?

교육부 · 17개시도교육청 · 한국청소년정책연구원 (2022). 〈미디어 탐구생활: 민주시민성 주제편〉, 6쪽.

학교 현장에서 오랜 기간 미디어 리터러시교육을 해온 교사들은 정보의 생산 및 수용과 관련한 질문을 던져야 비판적 사고력이 증진될 수 있다고 주장합니다(강용철·정현근, 2022).

이들이 제시하는 비판적인 사고력을 증진하는 질문은 아래와 같습니다.

- 정보생산자는 왜 이 정보를 만들었는가?
- 이 정보의 내용은 타당한가?
- 정보소비자는 이 정보를 어떻게 받아들이고 있는가?
- 이 정보를 둘러싼 상황은 무엇인가?
- 이 정보는 어떤 방식으로 제작되었는가?
- 이 정보를 만들기 위해 누구와 접촉했는가?
- 평소 내가 정보를 생산하는 방식은 어떠한가?

이처럼 정보가 어떻게, 어떤 목적으로 생산되고 유통되며 소비되는지를 비판적으로 바라보는 것이 중요하다고 그들은 주장합니다. 이 때문에 끊임없이 질문을 던져야 비판적 사고력이 함양될 수 있다고 보는 것이죠.

뉴스에 대한 비판적 이해 방법

우리가 일상에서 자주 접하는 뉴스를 비판적으로 이해하는 방법에 대해 설명해 보겠습니다. 뉴스를 구성하는 육하원칙 중 '누가'와 '왜'에 초점을 맞춰도 뉴스를 비판적으로 볼 수 있는 여지가 많습니다. '누가'의 경우는 뉴스 정보원을 의미하는 경우가 많기 때문에 어떤 정보원이 뉴스에 많이 보도되었는지를 여러분들은 파악해 볼 수 있습니다. 그 결과 특정 입장을 지지하는 정보원의 이야기가 많이 인용되었다면 뉴스의 공정성이란 측면에서 이 기사를 비판해 볼 수 있습니다. 최근 발생한 우크라이나 전쟁의 경우를 예로 들어 봅시다. 정보원을 분석한 결과 우크라이나 시민들의 모습이나 이야기가 자주 등장하였다면 이 뉴스 보도는 전쟁의 참혹함을 알리고 전쟁 피해자의 이미지를 강조할 가능성이 큽니다. 반면, 러시아 정부관료나 국방부의 입장을 주로 전달하였다면 이 뉴스 보도는 전쟁에 우호적인 보도를 했을 가능성이 크죠. 이처럼 어떤 정보원을 많이 인용했느냐가 뉴스의 논조와 주제에 많은 영향을 미칠 수 있습니다. 또한 '왜'라는 부분으로 뉴스 보도에 대한 비판적 접근을 해 볼 수 있습니다. 즉 왜 이 전쟁이 발생했는지를 언론이 보도하고 있는 지를 분석해 볼 수 있는 것입니다. 뉴스가 사실들을 전달하는 데 초점을 맞추다 보니 정작 특정 이슈나 사건이 발생한 원인이나 배경을 전달하는데 소홀한 경우가 많습니다. 이런 비판적 분석 과정을 통해 청소년 여러분들은 뉴스의 역할과 책임을 다시 한번 고민하는 기회를 가질 수 있습니다.

　뉴스가 특정 사안이나 이슈를 단순히 기술하는 데 초점을 두고 있는지 혹은 사안이나 이슈가 발생한 맥락이나 배경을 잘 전달하는지도 유심히 봐야 합니다. 가령 장애인들의 이동권 보장 시위를 예를 들어봅시다. 미디어가 시위 과정을 단순히 기술하거나 전달하는 데 초점을 둔 보도가 있을 수 있습니다. 반면 왜 장애인들이 지하철에서 시위를 할 수밖에 없는지에 초점을 맞추고 지하철을 비롯한 대중교통 이용 시 장애인의 어려움을 심층적으로 취재하는 보도도 가능합니다. 이런 두 가지 보도 양태를 접하는 수용자들의 태도는 달라겠지요. 심층취재의 보도를 접한 경우라면 장애인들의 이동권 문제를 사회구조적 문제로 바라볼 가능성이 큽니다. 따라서 우리 사회가 앞장서서 해결해야 할 사회적 이슈로 사안을 바라보게 됩니다. 이 때문에 미디어가 공공 이슈나 사안이 발생하게 된 원인이나 맥락을 전달하는 것이 매우 중요합니다.

언론사가 어떤 이데올로기와 이념적 성향을 가지고 있는지를 아는 것도 뉴스 논조와 프레임을 파악하는 데 도움이 됩니다. 언론사를 살펴보면 일부는 진보적 성향을 갖고 있고 일부는 보수적 성향을 갖고 있습니다. 이런 상황을 잘 알고 있으면 동일한 이슈에 대해 보도 내용이 왜 다른가를 이해할 수 있습니다. 가령, 고위공직자범죄수사처 설치를 둘러싸고 많은 논란이 있었는데요. 실제로 한 연구 결과 진보성향 TV뉴스채널들은 공수처 지지집회를 방송하고 공수처 설치가 검찰개혁을 위해 필요하다는 주장을 자주 언급하였습니다(허만섭, 2020). 반면, 보수 성향의 TV뉴스채널은 공수처 설치에 대한 검찰의 반발을 주로 내보냈고 수사에 관한 독소 조항이 있다는 점을 강조하였습니다. 즉 진보 채널들이 공수처 설치의 정당성을 주장하면서 이에 우호적인 입장을 보인 반면 보수 채널들은 공수처 설치에 반대하는 뉴스 프레임을 사용한 것이죠. 이처럼 동일한 사안이라도 이를 어떻게 전달하느냐에 따라 뉴스의 논조가 크게 달라질 수 있습니다. 따라서 이러한 점을 감안하여 뉴스를 읽거나 보는 것이 중요합니다. 특히 최근에는 특정 정파의 이익을 대변하는 정치 팟캐스트나 정치 유튜브들이 많기 때문에 해당 매체가 어떤 정치적 성향이나 이념을 표방하고 있는가를 잘 살피는 것이 미디어에 대한 비판적 이해를 위해 중요합니다. 이런 점 때문에 많은 전문가들이 뉴스를 볼 때 여러 언론사의 뉴스를 비교하면서 볼 것을 조언

합니다. 다양한 관점을 접할 수 있기 때문이죠.

언론사의 소유구조와 지배구조를 파악하는 것도 뉴스를 비판적으로 보는데 도움이 됩니다. 언론사들이 특정 기업에 의해 지배받거나 통제되는 경우가 많습니다. 예를 들어, 어떤 언론사를 A기업이 소유하고 있다면 A기업의 비리가 발생할 경우 해당 언론사는 비리 문제를 공론화할 수 있을까요? 타 언론사에는 기사가 났는데 특정 언론사에는 해당 기사가 빠져 있다면 이런 부분을 의심해 봐야 합니다.

요즘에는 언론사의 재정상태가 좋지 않기 때문에 광고주의 영향도 무시할 수 없습니다. 부동산 분양 관련 기사가 넘친다면 광고의 영향에 대해서도 비판적으로 사고해야 합니다. 특히 언론사에 광고를 많이 주는 대기업에 대한 검찰조사 내용이 보도되지 않는다면 광고와 언론의 관계에 대해서도 진지하게 생각해 볼 필요가 있습니다.

뉴스기사를 읽을 때 이 기사가 독자들에게 어떤 영향을 미칠지도 생각해 볼 필요가 있습니다. 과연 독자들이 이 뉴스기사를 읽은 후 어떤 생각을 갖게 되고 어떤 느낌을 가질까를 염두에 둔 채 기사를 읽어보라는 것입니다. 독자들의 반응이 어떨지 생각해 보면 기사가 무엇이 부족한지를 느낄 수 있을 것입니다. 또한 뉴스에 달린 댓글도 뉴스를 비판적으로 읽는 데 도움이 됩니다. 우리 사회의 경우 댓글문화가 아직 정착되지 않아 여전히 욕설과 의미 없는 글들이 많은 것이 현실입니다. 하지만 기사를 비판적으로 바라보거나 기사 품질을 지적하는 '좋은' 댓글은 뉴스기사를 비판적으로 이해하는 데 도움을 줍니다.

뉴스 보도를 비판적으로 이해하기 위해 고려해야 할 사항

- 뉴스에 자주 등장하는 정보원이 누구인지 확인하기
- 뉴스가 권력을 견제하고 감시하는 역할을 하는지 살펴보기
- 뉴스가 특정 이슈나 사안이 발생한 원인이나 배경, 맥락을 잘 전달하고 있는지 확인하기
- 뉴스를 전달한 언론사의 이념적 성향 파악하기
- 어떤 기업이 언론사를 소유하고 있는지 파악하기
- 어떤 광고가 지면에 많이 실리거나 방송되는지 파악하기
- 동일한 뉴스가 다른 언론사에는 어떻게 보도되고 있는지 비교해 보기
- 뉴스에 달린 댓글 읽기

한국언론진흥재단도 뉴스의 비판적 읽기를 강조하고 있습니다 (미디어리터러시, 2021). 뉴스를 비판적으로 읽는다는 것은 객관적 사실과 의견을 구분하는 것이며 뉴스가 광고나 특정 목적을 가진 선전은 아닌지 합리적으로 판단하는 것입니다. 한국언론진흥재단은 비판적 읽기 체크리스트로 네 가지를 제시합니다.

정보가 무수히 쏟아지는 시대에 뉴스의 출처가 어디인지를 파악하는 것은 매우 중요합니다. 출처가 불분명한 기사는 가짜뉴스일 가능성이 크기 때문이죠. 이왕이면 우리가 잘 아는 언론사의 뉴스는 비교적 신뢰할 만합니다. 출처가 생소하다면 구글 등을 통해 검색을 하는 것도 좋은 방법입니다. 동일한 사안을 보도하더라도 언론사마다 강조점 즉 프레임이 다를 수 있습니다. 따라서 여러 신문사나 방송사의 뉴스를 비교해 보는 것은 사건의 본질을 파악하기 위해 매우 중요한 습관입니다.

뉴스기사가 감정적이거나 과도한 불안을 야기하는 내용을 담고 있다면 다소 의심해 볼 수 있습니다. 뉴스는 기본적으로 객관적 사실에 근거를 두고 있기 때문에 개인의 주관적 견해가 많다면 이는 뉴스라 보기 어렵습니다. 가령 주식시장을 전망할 때 아무런 근거 없이 주식이 큰 폭으로 오르거나 내릴 것이라 이야기하는 것은 개인의 주관적 판단에 불과하다는 것이죠. 전망치를 내더라도 객관적이고 신뢰할 만한 데이터에 기반해서 낼 필요가 있습니다.

단순히 대중의 흥미를 끄는 기사라면 한 번쯤 이것이 뉴스라 볼 수 있을지 의심해 볼 필요가 있습니다. 뉴스는 기본적으로 흥미로 워야 합니다. 하지만 이를 토대로 알맹이 없이 대중의 인기에 영합 한 기사를 내보내거나 대중의 흥미를 자극하는 뉴스기사를 내보내 서는 안 됩니다. 시시콜콜한 잡담이나 운세, 연예인 옷차림 등 대중 의 흥미를 자극하는 기사는 되도록 삼가야 한다는 것이죠. 그렇다 고 해서 모든 기사가 딱딱하고 재미없어야 한다는 것은 아닙니다. 기본에 충실하되 대중의 삶에 영향을 미칠 수 있는 중요한 내용을 적절히 선택하여 흥미롭게 전달해야 한다는 뜻이죠.

여러분은 혹시 '옐로우 저널리즘yellow journalism'이란 용어를 들어보셨 나요? 이 말은 대중의 인기에 영합하여 독자나 시청자들을 늘리기 위해 온갖 방법을 쓰는 언론사들의 행태를 비꼬는 용어입니다. 요 컨대 지나치게 선정적이거나 자극적인 기사를 작성하는 언론들을 일컫는 말입니다. 연예인이나 정치인 등 유명인의 가십거리를 취재 해 작성하는 경우 이에 해당한다고 볼 수 있습니다. 언론이 사회적 책임과 역할을 다하지 않고 대중의 주목을 끌고 이들의 흥미와 기 호에 부합한 뉴스만을 생산해 낸다면 그 사회의 미래는 밝지 않을 것입니다.

이처럼 뉴스 콘텐츠에 영향을 미치는 요인들은 매우 다양합니다. 이런 요인들에 대해 비판적으로 사고할 수 있을 때 미디어 리터러시 역량은 함양될 수 있다고 생각합니다.

가짜뉴스의 위험성과 대응 방법

가짜뉴스 혹은 허위조작 정보가 SNS, 유튜브 등을 통해 확산하면서 이에 대한 관심이 높아지고 있습니다. 가짜뉴스는 기존 언론사가 제공하는 뉴스 형식을 띠지만 상업적이거나 정치적인 목적을 위해 의도적으로 조작된 뉴스를 의미합니다. 특히 청소년 여러분들에게 큰 영향을 미칠 수 있어 주의가 요구됩니다.

유네스코(UNESCO, 2018)는 잘못된 정보, 허위정보, 유해정보를 구분하고 있습니다. 잘못된 정보는 사실은 아니지만 유포하는 사람은 진실이라고 믿는 정보를 의미합니다. 허위정보는 사실이 아닌 정보로 그것을 유포하는 사람도 허위란 사실을 알고 있는 정보를 말합니다. 유해정보는 사실에 바탕을 두고 있지만 사람, 조직 혹은 국가에 해를 끼치기 위해 사용되는 정보입니다.

위 세 가지 정보 중에는 허위정보가 가장 큰 해를 끼친다고 볼수 있습니다. 허위정보란 사실을 알고 있으면서도 의도적으로 이를 퍼뜨리는 것은 민주적 소통을 방해하는 행위입니다.

허위정보를 담은 가짜뉴스의 예를 들어볼까요? 2017년 프랑스 대통령 선거에서 당시 후보였던 마크롱이 사우디아라비아의 자금지원을 받고 있다는 기사, 2016년 미국 대선 당시 프란치스코 교황이 트럼프 후보를 지지했다는 기사 등이 그 사례입니다. 2022년 7월 한 유튜브 채널은 김연아 선수의 라이벌로 우리에게 잘 알려진 아사다 마오 선수가 강남의 한 자택에서 극단적 선택을 해 병원으로 옮겨졌으나 결국 사망했다는 허위정보를 올렸습니다. 조회수가 급상승하고 인기검색어에 아사다 마오의 이름이 상위에 랭크되기도 했죠. 이 뉴스는 사실이 아닌 것으로 밝혀졌고 일부 누리꾼들은 사실을 확인하느라 진땀을 흘리기도 했습니다. 유튜브 채널이 늘어남에 따라 조회수가 곧 수익과 연결되기 때문에 조회수를 높여 돈을 벌려는 사람들이 더욱 늘고 가짜뉴스가 더욱 기승을 부릴 것으로 예측됩니다.

1980년 일어난 5.18 광주민주화운동과 관련해서도 북한 특수군이 개입했다거나 북한이 배후 조종했다는 가짜뉴스가 유튜브를 통해 확산된 적이 있습니다. 국방부조차도 북한이 개입했다는 증거를 찾을 수 없었다고 공식적으로 밝혔는데도 북한개입설을 다룬 가짜뉴스는 여전히 미디어를 통해 확산되고 있습니다.

5.18 기념재단(2021)은 전국의 중학교 2학년, 고등학교 2학년 총 1,105명을 대상으로 5.18 인식조사를 실시했습니다. 응답자 10명 중 1명은 5.18 가짜뉴스를 접한 경험이 있다고 응답했는데요. 이는

일반 국민의 61.1%에 비해 매우 낮은 수치입니다. 하지만 응답자 3명 중 2명은 가짜뉴스를 접한 후 뉴스에 대한 추적을 안 한다고 답했고 절반가량은 뉴스에 대한 여러 정보원을 확인하지 않는다고 응답했습니다. 많은 청소년들이 뉴스에 대한 확인과 검증을 하지 않은 것을 확인할 수 있습니다. 가짜뉴스를 접한 경로(1순위와 2순위를 합친 비율)는 유튜브가 가장 많았고 SNS, 포털, TV, 유튜브를 제외한 동영상 플랫폼 순이었습니다.

5.18 관련 가짜뉴스 정보 획득 경로

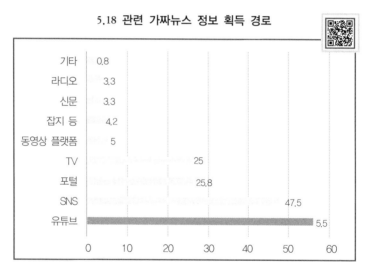

5.18 기념재단 보도자료 (2021. 10. 25.). 2021년 청소년대상 5.18 인식조사.

2020년 전세계에 영향을 미친 코로나19 감염병 확산 때에도 가짜뉴스는 많았습니다. 국내 보수집회를 주도했던 한 목사는 공개석상에서 야외에서는 코로나19에 전혀 감염이 안 된다는 통계가 나왔다며 예배에 참석하면 걸렸던 병도 낫는다고 힘주어 말하기까지 했습니다. 하지만 이 목사는 몇 개월 후 코로나 확진 판정을 받았습니다. 음식을 짜게 먹으면 코로나19에 걸리지 않는다는 뉴스도 떠돌았는데 이 역시 가짜뉴스로 드러났습니다. 일부 가게는 신천지가 운영한다는 허위정보가 돌면서 매출이 급감하기도 했습니다.

그렇다면 가짜뉴스는 어떤 영향을 미칠까요? 여기 흥미로운 연구가 있습니다. 안도헌(2020)은 가짜뉴스가 확증편향에 어떤 영향을 미치는지에 대해 청소년을 대상으로 연구했습니다. 확증편향은 자신이 믿고 싶어 하는 정보를 더 찾으려고 하고 자신의 가치에 반하는 정보는 무시하는 경향을 의미합니다. 북한에 대한 제재를 지지하는 청소년 집단과 북한에 대한 지원에 긍정적인 청소년 집단에게 북한 대한 부정적인 내용이 담긴 가짜뉴스를 보여줬죠. 그 결과 북한에 대해 부정적인 인식을 가진 청소년들은 가짜뉴스를 본 후 북한에 대한 지원에 더욱 부정적인 태도를 나타냈습니다. 당초 북한에 대해 부정적인 태도를 가진 청소년들이 가짜뉴스를 보고 더욱 본래의 생각을 강화하게 된 것이죠. 하지만 북한에 대해 긍정적인 입장을 가진 청소년 집단은 북한에 대한 부정적 뉴스를 접하고 본래 가지고 있던 긍정적 인식을 강화하지는 않았습니다. 오히려 북한에 대한 부정적 인식과 태도를 갖게 된 것이죠. 즉 청소년들은 가짜뉴스로 인해 본래 가지고 있던 생각을 쉽게 바꾸는 경향이 나타났습니다. 이 연구를 보면 가짜뉴스가 얼마나 청소년에게 안 좋은 영향을 미치고 있는지를 알 수 있습니다.

가짜뉴스의 영향에서 벗어나기 위해서는 이를 분별하는 능력이 무엇보다도 필요합니다. 현재 JTBC 〈뉴스룸〉을 비롯한 많은 언론 기관과 단체들이 '팩트체크' 코너를 운영하고 있습니다. 이를 통해 해당 사실이 어느 정도 진실에 가까운지를 점검하고 있으니 이를 유심히 관찰할 필요가 있습니다.

서울대 언론정보연구소 팩트체크센터도 아래와 같이 온라인 허위정보 대응법을 제시하고 있습니다. 정보의 출처를 확인하는 것과 추가적으로 다른 정보를 확인할 것을 강조하고 있네요. 특히 대중들의 이목을 끌기 위해 과도한 공포나 불안을 조장하는 내용의 정보는 한 번쯤 의심해 볼 필요가 있습니다. 또한 상식적인 수준을 벗어난 이야기도 허위정보일 가능성이 크므로 주의 깊게 들여다봐야 합니다.

Check List 온라인 허위정보 대응 방법

☐ 정보의 출처를 확인합시다.

혹시 이름만 유사한 기관들을 사칭하고 있지 않나요?

☐ 저자를 확인할 수 있나요?

저자의 이름이 있다면 이 사람이 과거에는 어떤 글을 게시했는지, 실재하는 인물인지 확인해 봅시다.

☐ 언제, 어디서 만들어진 것인지 알 수 있나요?

동영상이나 사진에서 발생시간, 장소를 분명히 알 수 없다면 의심해야 합니다.

☐ 다른 정보를 추가적으로 찾아보았습니까?

내가 지금 보고 있는 정보를 신뢰할 수 있는 다른 기관에서도 다루었나요?

☐ 정보가 과도한 불안을 줍니까?

허위정보들은 공격대상의 신뢰를 떨어뜨리기 위해 이런 감정을 부추깁니다.

유럽위원회, FIRST DRAFT. 서울대 언론정보연구소 팩트체크센터 홈페이지 참조

특히 이 팩트체크센터는 'Fact, please'라는 팩트체크 교육용 게임을 개발하기도 했습니다. 이 게임은 이 기관이 운영하고 있는 '청소년 팩트체크 스쿨'의 사전교육 프로그램으로 개발됐다고 합니다(양소은, 2022). 게임 이용자가 허위정보를 체크하는 시민탐정이 되어 팩트체크 임무를 완수하는 내용으로 시작되고 게임은 총 네 가지 온라인 게시물을 검증하는 과정으로 이뤄져 있습니다.

낚싯성 기사에 대한 비판적 이해

뉴스의 디지털화에 따라 클릭수가 매우 중요해지고 있습니다. 온라인상에서 클릭수는 곧 광고와 연결되기 때문에 포털 뉴스를 포함한 인터넷 뉴스들이 이용자들의 관심을 끌기 위해 다양한 방법을 동원하고 있습니다. 대부분의 사람들이 기사의 제목을 보고 뉴스를 소비하는 경향이 있기 때문에 제목을 선정적으로 만드는 것이죠. 사건의 본질과 동떨어진 자극적인 표현의 제목을 사용하는 경우가 많은데요. 무심코 이런 낚싯성 기사를 클릭했다가는 말 그대로 낚이는 경우가 많습니다.

포털 사이트에 많은 기사들이 쏟아지면서 함께 늘어나고 있는
낚싯성 기사에 주의해야겠죠.

이런 기사는 '아찔', '충격' 등의 표현을 제목에 다는데 막상 클릭
을 하면 기사와 상관이 없는 내용이 나오는 경우가 많습니다. 또한
동일한 내용의 뉴스기사가 제목만 바꿔 지속적으로 유통되기도 합
니다. 독자들의 호기심을 유발하기 위해 제목을 교묘히 바꾸기도
하는데요. 예컨대 한 축구해설자가 2022년 카타르 월드컵 결승전
승자를 아르헨티나로 예측했다면 일반적으로 제목을 '○○○가 아
르헨티나를 월드컵 우승으로 예측'으로 다는 경우가 많습니다. 하지

만 독자들의 클릭수를 높이기 위해 '○○○가 예측한 카타르 월드컵 우승팀은?' 식으로 바꾸는 거죠. 이렇게 되면 궁금한 독자들은 해당 기사를 클릭하여 볼 수밖에 없습니다.

 생각해 볼까요?

1. 러시아 – 우크라이나 전쟁이 왜 발생했는지를 전하는 뉴스기사를 찾아 전쟁의 원인을 탐구해 봅시다.
2. 허위조작 정보가 우리 사회에 미치는 영향을 탐구해 봅시다.
3. 최근 이슈가 된 가짜뉴스의 사례를 찾아 어떤 미디어를 통해 확산됐는지 탐구해 봅시다.

8

CHAPTER

챗GPT 시대
청소년을 위한 미디어 탐구

미디어 비평 사례를 들어볼까요?

이 장은 실제 미디어 비평 사례를 다룹니다. 저의 연구 경험을 바탕으로
아동학대사건보도, 선거보도, 자살보도, 코로나19 보도 등에 나타난 언론의
문제점을 구체적으로 지적하고 이에 대한 해결책을 제시하고 있습니다.
아울러 유튜브 콘텐츠를 평가할 수 있는 기준에 대해 탐색해 봅니다.

아동학대사건보도

저는 2016년 일어난 한 아동학대사건을 뉴스방송이 어떻게 보도했는지를 상지대 정의철 교수와 함께 분석한 바 있습니다. 그 결과 선정적 묘사 프레임 등 다섯 가지 프레임을 도출할 수 있었습니다. 선정적 묘사 프레임은 아동학대의 전 과정을 선정적이고 흥미롭게 전달함으로써 시청자의 욕구를 자극하는 보도경향을 의미합니다. 개인책임·처벌강화 프레임은 가해자에 대한 처벌을 강조하면서 처벌만이 문제해결의 능사라는 것을 보여주고 있습니다. 고정관념화 프레임은 이혼·재혼가정과 계모의 아동학대를 강조하는 보도로 이 프레임을 강조하면 시청자들에게 아동학대가 정상적인 가정보다 그렇지 않은 가정에서 많이 일어날 수 있다는 환상을 심어줄 우려가 있습니다. 감정적 단죄 프레임은 피의자의 반사회성이나 비윤리성을 부각시키는 보도 경향을 의미합니다. 대안적 프레임은 일부 보도에 나타난 것으로 아동학대의 현 주소를 살펴보고 정책적인 대책 등을 제시하는 뉴스 프레임입니다.

이 당시 사건 보도에서 많은 언론들은 아동학대가 발생한 원인을 구조적으로 분석해 대안을 제시하기보다는 사건의 진행 과정을 전달하는 데 급급했습니다. 피해 아동의 어렸을 때의 모습을 계속 내보내면서 인권을 침해하였고 학대 과정을 상세하게 묘사함으로써 자극적이고 선정적인 보도를 일삼았습니다.

언론은 아동학대사건을 보도할 때 피해 아동의 인권을 최우선으로 고려하고 관련 보도가 아동 및 가족들에게 미칠 영향을 충분히 고려하여 신중하게 보도할 필요가 있습니다. 하지만 언론보도의 현실을 보면 학대 과정이 지나치게 상세히 보도되는가 하면 피해아동의 사생활이나 신상이 적나라하게 노출되는 경우가 허다합니다. 학대 방법에 대해 상세히 묘사하거나 학대행위가 담긴 영상을 지속적으로 반복해 방송하는 것은 어린이들에게 지나친 두려움이나 공포감을 줄 수 있고 시청자들을 지나치게 자극할 가능성이 높습니다. 더구나 자살보도처럼 모방의 가능성도 있습니다. 따라서 언론은 학대행위가 담긴 사진이나 영상을 집중적으로 노출하거나 학대 장면의 재연을 무분별하게 해서는 안 됩니다. 특히 피해자의 사진을 계속 내보내는 것은 가족이나 주변 지인들에게 2차 피해를 줄 수 있으므로 삼갈 필요가 있습니다.

이 밖에 언론은 아동학대사건을 보도할 때 편견을 조장하는 표현을 가급적 사용하지 말아야 합니다. 예를 들어, '계모의 아동학대 살인' 등과 같이 '계모'를 부각하는 경우가 많은데 이런 보도를 접하면 시청자들은 아동학대사건이 계모에게서 주로 발생한다고 믿는 경우가 많습니다. 참고로 아동학대는 재혼가정보다 일반적인 가정 형태에서 더 많이 일어나고 있습니다.

청소년 여러분들도 아동학대사건을 언론이 어떻게 다루고 있는지 주의 깊게 살펴볼 필요가 있습니다.

아동학대와 관련한 언론보도의 문제점을 요약하면 다음과 같습니다.

- 피해아동의 어릴 적 모습이나 성장 과정을 지속적으로 보여줌으로써 피해 자의 인권을 잘 고려하지 않는다.
- 가해자가 피해아동을 어떻게 학대했는지를 구체적이고 상세하게 선정적으 로 묘사한다.
- 아동학대가 정상적인 양부모가정에서 많이 일어나고 있음에도 불구하고 재혼·이혼가정의 아동학대를 언론이 부각시키는 경향이 있다.
- 아동학대를 예방하기 위한 정책적 방안을 잘 제시하지 않는다.

아래 내용은 국제개발협력민간협의회(2016)가 펴낸 「아동권리보 호를 위한 미디어 가이드라인」으로 아동을 취재할 때 기자들이 지 켜야 할 윤리입니다. 우리도 아동학대보도에 대한 가이드라인을 만 들어 이를 준수할 필요가 있습니다.

아동 권리 보호를 위한 미디어 가이드라인

❶ 아동의 존엄성과 권리 존중

미디어 활동의 전 과정에서 모든 아동과 보호자 및 지역사회 주민들의 존엄성과 인권을 존중해야 합니다.

❷ 미디어 관계자의 사명과 책무 준수

미디어 관계자는 아동과 관련한 문제를 중요한 사회문제로 인식하고 미디어 활동이 아동의 권리 신장에 기여할 수 있도록 노력해야 합니다. 특히 아동이 당면한 문제의 구조적 원인과 맥락까지 파악하고 반영해야 합니다.

❸ 아동 및 보호자의 의사 존중

촬영 전에 반드시 아동과 보호자에게 사전 동의를 얻어야 합니다. 사전 동의는 아동 및 보호자가 촬영자나 다른 누군가에게 간섭이나 유도를 받지 않은 상태에서 이뤄져야 하며, 촬영자는 이들에게 자신의 신분 및 촬영의 목적과 활용 계획을 명확하게 설명해야 합니다. 또한 아동은 촬영 과정에서 적극적으로 자신의 의견을 표현하고 능동적으로 참여할 권리를 보장 받아야 합니다.

❹ 아동의 사생활 보호

아동은 사생활 보호에 대한 절대적인 권리를 보유합니다. 미디어 관계자는 촬영 과정과 보도 이후까지 아동의 신변 보호에 주의하여야 합니다.

❺ 적절한 촬영 환경 보장

미디어 관계자는 아동이 신체적·정신적 피해를 입지 않도록 적절한 촬영 환경을 보장해야 합니다. 촬영 관계자와 촬영의 대상이 안전하게 보호받을 수 있도록 안전 수칙을 준수해야 합니다.

❻ 촬영으로 인한 사후 피해 예방

보도 시 아동을 대상으로 한 보도의 정치적 · 사회적 · 문화적 파급 영향을 신중히 고려하고 부정적인 영향을 사전에 예방해야 합니다. 또한 촬영 대상 아동의 상황에 대해 보도 이후에도 지속적인 관심을 가져야 합니다.

❼ 사실에 기반을 둔 촬영

미디어 관계자는 아동이 당면한 상황과 아동의 말을 정확히 파악해야 합니다. 아동의 정보와 촬영 결과물을 특정한 목적으로 조작하거나 왜곡하지 않아야 합니다.

❽ 아동 및 보호자의 능동적 묘사

미디어 관계자는 아동과 보호자를 무기력한 수혜자가 아니라 삶의 조건을 개선하기 위해 노력하는 능동적 주체로 묘사해야 합니다.

❾ 현지 지역 문화의 존중

미디어 관계자는 아동이 속한 현지 지역사회의 문화와 전통을 존중하고 현지 문화의 관점에서 부적절하게 비춰질 수 있는 언행을 삼가야 합니다.

❿ 국내외 협력기관 및 직원 존중

한국의 협력 기관과 촬영 국가 내 동행하는 현지 기관 직원 등 미디어 활동의 협력 파트너를 존중해야 합니다.

국제개발협력민간협의회 (2016). 아동권리보호를 위한 미디어가이드라인.

선거보도

선거보도에서 가장 큰 문제점으로 드러나는 것 중의 하나가 선거여론조사보도입니다. 가령 어떤 여론조사에서 A후보가 30%, B후보가 27%를 득표하면서 1, 2위를 차지했다고 합시다. 기본적으로 여론조사는 모든 사람들을 대상으로 조사를 하지 않습니다. 대신 일부 사람들을 뽑는 표집 과정을 통해 조사를 하기 때문에 오차한계가 있을 수밖에 없습니다. 흔히 언론에 자주 보도되는 것은 오차한계와 신뢰수준입니다. 이 조사에서 오차한계가 95% 신뢰수준에서 ±5.0%로 나왔다고 가정합시다. 이 말의 의미를 잘 해석해야 객관적이고 정확한 보도를 할 수 있습니다. 이 숫자가 의미하는 바는 실제 투표를 했을 경우 100명 중 95명이 A후보에게 투표할 비율은 25%~35% 범위에 이른다는 것이고 동일한 맥락에서 B후보의 득표율은 22%~32%에 분포한다는 것이죠. 즉 실제 투표에서 A후보가 27%를 얻고 B후보가 30%를 차지해 B후보가 승리할 수도 있다는 것입니다. 여론조사는 A후보가 30%, B후보가 27%로 나와 A후보에게 유리했지만 실제 결과는 B후보에게 유리할 가능성도 있다는 것입니다. 이러한 문제 때문에 두 후보는 오차범위 내에서 접전을 하고 있다고 전달하는 것이 올바르게 보도하는 것입니다. 그런데 일부 언론들은 여론조사에서 A가 1위를 차지했다는 사실을 부각시킵니다. 아래와 같은 제목을 달 수 있겠죠.

A후보 여론조사서 선두 달려

A후보 여론조사서 1위 차지

겉으로 봐서는 그럴듯해 보이지만 여론조사 결과를 들여다보면 특정 후보에게 유리한 보도를 하고 있다고 볼 수 있습니다. 보다 정확하게 전달하기 위해서는 아래와 같이 제목을 뽑아야 할 것 같습니다.

여론조사 결과 A, B 후보 오차범위 내 접전

청소년 여러분들도 지방선거나 국회의원 선거, 대통령 선거 시 언론이 어떻게 여론조사 결과를 보도하는지 유심히 지켜보길 바랍니다. 특히 해당 언론에서 신뢰수준과 오차의 한계를 밝히고 있는지도 꼭 확인하기 바랍니다.

선거보도에 드러난 또 다른 중요한 문제점은 '경마주의적' 선거보도입니다. 이 말의 의미는 마치 경마장에서 말이 경기하는 장면을 보도하듯이 언론이 선거를 보도하는 것입니다. 즉 어떤 후보가 앞서고 어떤 후보는 뒤처져 있는지 흥미 위주의 보도를 하는 행태를 의미합니다. 이러한 뉴스 프레임에 빠지면 후보자가 어떤 자질을 갖추고 있으며 그가 제안한 공약은 실현가능한지를 비판적으로 보도하는 것을 소홀히 할 수 있습니다. 언론의 중요한 역할 중의 하나가 감시견 기능입니다. 후보자가 지역이나 국가를 위해 어떤 비전과 철학을 가지고 일할 것인지를 검증하는 것은 언론의 중요한 사회적 책무입니다.

선거와 관련한 언론보도의 문제점을 요약하면 다음과 같습니다.

- 선거후보 여론조사 시 신뢰수준과 오차한계를 명시하지 않는 경우가 있다.
- 경마주의적 선거보도의 틀에 갇혀 후보자의 자질이나 공약검증을 소홀히 하는 경향이 있다.

중앙선거관리위원회 선거연수원과 인터넷선거보도심의위원회는 2019년 〈선거·정치 미디어리터러시 가이드북〉을 펴낸 바 있습니다. 이 책에서 강조된 **여론조사보도 이해하기**를 정리해 봤습니다.

여론조사보도 이해하기

- 조사표본이 유권자를 대표할 만한 표본으로 구성되어 있는지 살펴보기
- 조사의뢰자와 조사기관이 믿을 만한 곳인지 확인하기
- 여론조사결과보도가 편향돼 있는지 살펴보기
- 특정 후보자에게 유리하거나 불리한 해석을 하지는 않았는지 살펴보기
- 결과가 오차범위 내에 있음에도 불구하고 '압승', '1위'와 같은 표현을 쓰는지 살펴보기
- 조사결과를 마치 선거결과인 양 과장되게 표현하는지 살펴보기

중앙선거관리위원회 선거연수원, 중앙선거관리위원회 인터넷선거보도심의위원회 (2019). 선거·정치 미디어리터러시 가이드북.

자살보도

자살 문제를 다루는 언론보도도 개선해야 할 사항이 많습니다. 가장 큰 문제로 지적된 것 중의 하나는 유명인의 자살에 관한 보도입니다. 이로 인한 '베르테르의 효과'로 유명인 자살 후 일반인들의 모방

자살이 늘면서 사회적 문제가 되고 있습니다. 우리 사회에서도 유명인들이 자살하는 사건이 많이 있었고 그때마다 자살률이 증가하는 현상이 나타났습니다. 특히 어떻게 자살했는지를 구체적으로 밝히는 뉴스기사들이 많아 문제가 됐습니다. 또한 자살의 원인에 대해 단정 짓거나 주변사람들의 말을 인용하여 추측을 하는 경우도 많습니다.

더구나 일가족이 극단적 선택을 하는 경우 가족동반자살이란 표현을 많이 쓰고 있는데 이는 잘못된 표현입니다. 부모가 자녀를 죽이는 행위는 엄연한 살인행위인 것이죠. 따라서 언론은 가족이 동반자살했다는 표현을 삼갈 필요가 있습니다.

베르테르 효과(Werther effect)란?

유명인 또는 평소 선망하거나 존경하던 인물이 자살할 경우, 유명인이 자신과 비슷한 어려움에 처해 있었다고 느꼈을 때 심리적으로 영향을 더 크게 받고 유명인과 자신을 동일시 하여 유사한 방식으로 잇따라 자살이 일어나는 현상을 말한다. 텔레비전 등의 미디어에 보도된 자살을 모방하기 때문에 벌어진다.

–위키백과–

자살과 관련한 언론보도의 문제점을 요약하면 다음과 같습니다.

• 자살 방법에 대해 너무 구체적으로 묘사해 모방의 위험성이 크다.
• 자살원인에 대한 단정적이거나 추측성 보도가 많다.

요즈음은 자살보도가 개선되고 있습니다. 한국기자협회, 보건복지부, 중앙자살예방센터는 자살보도의 개선을 위해 꾸준히 자살보도 권고기준을 만들었습니다. 그 결과 아래와 같이 자살보도 가이드라인이 마련됐습니다.

자살보도 권고기준 3.0

자살보도 권고기준 3.0의 5가지 원칙

1. 기사 제목에 '자살'이나 자살을 의미하는 표현 대신 '사망', '숨지다' 등의 표현을 사용합니다.

2. 구체적인 자살 방법, 도구, 장소, 동기 등을 보도하지 않습니다.

3. 자살과 관련된 사진이나 동영상은 모방자살을 부추길 수 있으므로 유의해서 사용합니다.

4. 자살을 미화하거나 합리화하지 말고, 자살로 발생하는 부정적인 결과와 자살예방정보를 제공합니다.

5. 자살사건을 보도할 때는 고인의 인격과 유가족의 사생활을 존중합니다.

한국기자협회 홈페이지

2020년 초 전세계를 위험에 빠뜨린 코로나19 바이러스는 여전히 사라지지 않고 우리의 일상생활에 영향을 미치고 있습니다. 그렇다면 언론의 코로나19 보도에는 어떤 문제점이 있을까요?

첫째, 언론이 확진자 동선을 지나치게 상세히 보도함으로써 개인의 사생활침해 가능성과 특정 집단에 대한 혐오를 부추겼다는 것입니다. 일례로 2020년 5월 이태원 소재 클럽에서 확진자가 발생했는데 일부 언론은 해당 클럽을 게이클럽으로 지칭하면서 동성애자에 대한 혐오가 확산하는 데 기여했습니다. 실제로 SNS상에는 성소수자들의 행동을 비난하는 글들이 많았다고 합니다. 언론이 굳이 클럽이 어떤 곳인지를 대중들에게 전달해야 할 필요가 있었느냐는 비판도 많았습니다. 언론이 확진자 정보의 공개범위를 어느 선까지 해야 할 것인지는 여전히 고민해야 할 부분이 많은 것 같습니다.

특히 감염병이 확산되면서 코로나 위기를 불러온 중국에 대한 반중감정은 더욱 심해졌습니다. 이 때문에 일부 언론은 한국 내 중국

동포들에 대한 혐오를 부추기기도 했습니다. 2020년 1월 말 한 언론사는 중국인들이 밀집돼 있는 차이나타운 지역을 취재하면서 마스크를 쓰지 않고 영업을 하거나 비위생적으로 판매하는 음식을 르포형태로 실었습니다. 마스크도 중국 현지로 재판매돼 약국에서 품절됐다는 내용도 소개했습니다. 이런 보도를 접한 독자라면 국내 거주 중국인에 대한 안 좋은 감정을 가질 가능성이 큽니다. 아울러 중국인들이 몰려 있는 지역은 코로나 바이러스 감염 위험이 높다는 잘못된 인식을 심어줄 수도 있습니다. 결국 이러한 보도는 중국인들에 대한 차별과 혐오를 불러올 가능성이 있습니다.

둘째, 보도가 지나친 공포와 두려움을 조장합니다. 정부가 백신접종을 독려할 때 일부 언론은 백신접종으로 인한 부작용을 부각시켰습니다. 물론 백신의 부작용을 보도하는 것은 언론의 중요한 역할입니다. 대중도 백신의 부작용을 알 필요가 있으니까요. 하지만 일부 언론은 백신접종과 사망과의 인과관계가 명확히 밝혀지지 않았는데도 백신으로 인해 사망했다는 식의 단정적 보도를 일삼았습니다. 백신의 안전성을 검증하고 이에 대한 과학적 근거를 제공하는 것은 언론의 중요한 역할입니다. 하지만 백신접종과 사망과의 연관성을 충분히 검토하지 않고 단정지어 보도하는 것은 다소 무책임한 보도라고 볼 수 있습니다.

　한국언론진흥재단의 보고서에 따르면, 응답자들은 백신과 관련하여 뉴스가 믿을 만한 정보를 제공했다고 생각한 비율은 72.1%였고 신속한 정보를 제공했다고 여기는 비율은 70.9%였습니다(이상기 외, 2022). 하지만 뉴스가 백신과 관련하여 정확한 정보를 제공했다고 답한 비율은 65.0%였고 심층적인 정보를 제공했다고 응답한 비율은 50.3%로 비교적 낮았습니다. 즉 여전히 많은 시민들이 언론이 백신관련 정보를 심층적으로 전달했다고는 생각하지 않고 있는 것입니다. 또한 응답자들은 백신관련 뉴스 및 정보이용 시 느끼는 어려움으로 비슷한 뉴스가 필요 이상으로 반복됐다, 신뢰할 만한 정보를 구별하기 어려웠다, 백신 관련 뉴스와 정보가 너무 많았다, 허위정보 및 오정보가 많아 혼란스러웠다, 백신에 관련한 과학적 용어와 정보가 이해하기 어려웠다 순으로 응답하였습니다. 따라서 언론은 백신관련 보도를 할 때 신뢰할 만한 정보와 정확하고 객관적인 정보를 독자나 시청자들에게 제공하는 것이 중요함을 알 수 있습니다.

　셋째, 우리 사회의 취약계층에 대한 보도가 많지 않았다는 점입니다. 감염병 위기가 지속되면 상대적으로 저소득층 가정이나 이

주노동자 등 취약집단이 겪는 고통이 클 수밖에 없습니다. 언론은 기본적으로 사회적 약자나 취약계층의 목소리를 대변해야 할 책임이 있습니다. 따라서 우리 사회의 취약계층이 코로나 위기로 겪는 문제들에 대해 집중적으로 보도할 필요가 있습니다. 혼자 사는 어르신이나 맞벌이 가정, 요양보호사, 상담원 등 코로나19로 인해 영향을 많이 받을 수밖에 없는 집단이 겪는 어려움과 이들을 지원할 수 있는 방안에 대해 언론이 관심을 갖고 취재를 해야 한다는 것입니다.

코로나19와 관련한 언론보도의 문제점을 요약하면 다음과 같습니다.

- 특정 집단에 대한 혐오를 야기하는 보도를 할 수 있다.
- 백신의 부작용을 강조함으로써 지나친 공포를 조장하는 보도를 할 수 있다.
- 감염병에 취약한 계층에 대한 보도를 소홀히 하는 경향이 있다.

우리 사회는 코로나 이전에도 메르스, 사스 등 감염병을 경험한 바 있습니다. 이에 한국기자협회는 오래전부터 감염병보도준칙을 만들어 시행하고 있습니다. 언론이 추측성 보도나 과장보도를 지양하고 과학적 근거에 기반한 보도를 하는 것이 중요합니다. 또한 예방법이나 치료시설 등 시민들에게 필요한 정보를 제공하는 것도 필요합니다.

청소년 여러분들도 감염병보도준칙을 꼼꼼히 읽어본 후 언론이 코로나19와 같은 감염병을 보도할 때 이 같은 준칙을 잘 지키는지 꼼꼼히 체크하시기 바랍니다.

감염병보도준칙

기본 원칙

1. 감염병 보도의 기본 내용

가. 감염병 보도는 해당 병에 취약한 집단을 알려주고, 예방법 및 행동 수칙을 우선적, 반복적으로 제공한다.

나. 감염병 치료에 필요한 의약품이나 장비 등을 갖춘 의료기관, 보건 소 등에 대한 정보를 제공한다.

다. 감염병 관련 의학적 용어는 일반인들이 이해하기 쉽게 전달한다.

2. 신종 감염병의 보도

가. 발생 원인이나 감염 경로 등이 불확실한 신종 감염병의 보도는 현 재 의학적으로 밝혀진 것과 밝혀지지 않은 것을 명확하게 구분하 여 전달한다.

나. 현재의 불확실한 상황에 대해 의과학 분야 전문가의 의견을 제시 하며, 추측, 과장 보도를 하지 않는다.

다. 감염병 발생 최초 보도 시 질병관리본부를 포함한 보건당국에 사 실여부를 확인하고 보도하며, 정보원 명기를 원칙으로 한다.

7. 감염병 보도 시 주의해야 할 표현

  가. 기사 제목에 패닉, 대혼란, 대란, 공포, 창궐 등 과장된 표현 사용

   "국내 첫 환자 발생한 메르스 '치사율 40%' …… 중동의 공포 465명 사망!"

   "해외여행 예약 0건 …… 여행·호텔업계 코로나19 이어 '코리아 포비아' 악몽"

  나. 기사 본문에 자극적인 수식어의 사용

   "지난 2013년 한국 사회를 혼란에 빠뜨렸던 '살인진드기' 공포가 또다시 수면 위로 떠올랐다."

   "온 나라에 사상 최악의 전염병 대재앙을 몰고 온 메르스(중동호흡기질환) 의심환자가 또 발생했다."

   " '코로나19'에 박살난 지역경제 …… '공기업 역할해라' "

  다. 오인이 우려되는 다른 감염병과의 비교 "야생진드기 에이즈보다 무섭네 ……… 물리면 사망위험 커"

   "전파력 메르스 '1000배' …… 홍콩독감 유입 땐 대재앙"

한국기자협회 홈페이지

유튜브 비평 기준

유튜브는 지금 청소년 세대를 특징짓는 가장 중요한 미디어입니다. 이 때문에 유튜브를 평가할 수 있는 기준이 있다면 유튜브를 이해하는 데 도움이 될 것입니다.

그렇다면 유튜브를 평가할 수 있는 기준에는 어떤 것이 있을까요? 먼저 챗GPT에게 유튜브 평가 기준에 대해 알려달라고 하니 다음과 같은 답변을 얻었습니다. 콘텐츠 품질, 정보의 정확성, 내용의 참신성, 시청자 경험, 엔터테인먼트 가치, 시청자와의 상호작용 등 6가지 기준에서 유튜브를 평가할 수 있다고 하네요.

1. 콘텐츠 품질: 유튜브 콘텐츠의 품질은 중요한 평가 요소입니다. 이는 비디오 제작의 전문성, 편집 기술, 영상 품질, 사운드 품질 등을 포함합니다. 콘텐츠가 전문적이고 흥미로운지, 시청자의 관심을 끌 수 있는지 등을 고려할 수 있습니다.

2. 정보의 정확성: 유튜브는 많은 정보를 제공하는 플랫폼이기 때문에, 콘텐츠가 정확하고 신뢰할 수 있는 정보를 제공하는지 확인하는 것이 중요합니다. 증거와 출처에 근거한 내용인지, 사실과 허위정보를 구분할 수 있는 능력이 있는지를 평가할 수 있습니다.

3. 내용의 창의성과 참신성: 유튜브에서는 다양한 주제와 관점을 다루는 비디오를 찾을 수 있습니다. 따라서 창의적이고 참신한 아이디어, 독특한 관점, 새로운 시각을 제공하는 콘텐츠를 평가할 수 있습니다.

4. 시청자 경험: 유튜브는 시청자들에게 편안하고 즐거운 시청 경험을 제공해야 합니다. 이는 콘텐츠의 편집, 구성, 시각적 요소, 음악, 그리고 사용자 친화적인 인터페이스 등을 고려합니다. 시청자가 비디오를 쉽게 찾고 시청할 수 있는지, 사용자 경험을 향상시키기 위한 노력이 있는지 등을 평가할 수 있습니다.

5. 엔터테인먼트 가치: 많은 유튜브 채널은 엔터테인먼트를 주목적으로 합니다. 따라서 콘텐츠가 얼마나 재미있고 유쾌한지, 시청자에게 긍정적인 감정을 전달하는지, 코미디, 음악, 연기 등의 재능을 통해 시청자를 즐겁게 하는지를 평가할 수 있습니다.

6. 시청자와의 상호작용: 유튜브는 시청자와 콘텐츠 제작자 간의 상호작용을 촉진하는 플랫폼입니다. 따라서 콘텐츠 제작자가 시청자들과 소통하고 응답하는지, 코멘트나 피드백에 대한 관심과 대응성이 있는지를 평가할 수 있습니다.

청소년 여러분은 어떤 기준으로 유튜브의 품질을 평가하나요? 제가 평가하는 기준을 알려드리겠습니다. 우선, 지속적으로 콘텐츠를 올리는 유튜브가 좋습니다. 또한 어느 정도의 구독자수와 조회수를 가지고 있어야 하겠죠. 너무 적은 사람이 방문한다면 그만큼 이용자들에게 인기가 없다는 것이겠지요. 물론 꾸준히 콘텐츠를 올리고 많은 사람들이 시청한다고 해서 꼭 좋은 유튜브라고 볼 수는 없습니다. 시청자들과 상호작용하고 공감하면서 시청자들에게 유익한 콘텐츠를 만들어 나가는 것이 중요합니다. 돈을 벌기 위해 자극적인 내용을 전달하기보다는 시청자들에게 도움이 되는 콘텐츠를 만드는 것이 품질을 높이는 길입니다. 시사뉴스나 정보를 제공하는 유튜브의 경우 그 내용이 신뢰할 만하고 검증 가능하며 사실에 근거해야 좋은 유튜브라고 볼 수 있습니다.

늘 유튜브를 보면서 정보를 찾는 청소년 여러분들도 유튜브의 품질을 평가할 수 있는 기준을 스스로 만들어 가기 바랍니다.

 생각해 볼까요?

1. 선거 여론조사를 다룬 기사를 찾아보고 조사 과정이나 오차의 한계 등을 보도했는지 탐구해 봅시다.
2. 자살을 다룬 뉴스기사를 찾아 자살보도 권고기준을 지켰는지 탐구해 봅시다.
3. 코로나19와 관련한 허위정보를 몇 가지 찾아 봅시다.

청소년 여러분, 저와 함께 한 미디어 탐구는 어떠셨나요? 미디어를 이용하는 것이 일상화된 지금 여러분에게 필요한 것은 미디어를 단순히 즐기는 것이 아니라 미디어를 올바르게 이해하고 유용하게 활용하는 것입니다. 그렇다면 이를 실천할 수 있는 방법은 무엇일까요?

첫째, 평소 꾸준히 뉴스를 읽는 습관을 기를 필요가 있습니다. 뉴스를 비판적으로 이해하기 위해서는 먼저 어떤 뉴스가 이슈가 되고 있는지를 알아야 합니다. 그리고 뉴스에 대해 끊임없이 문제제기를 해야 합니다. 예컨대, 이 뉴스의 주제는 무엇인지, 이 뉴스가 독자들에게 어떤 영향을 끼칠 것인지, 이 뉴스가 특정 인물이나 집단을 어떻게 재현하고 있는지, 이 뉴스에 나타난 주요 정보원은 누구인지 등등 뉴스를 비판적으로 이해하기 위한 질문들을 던져야 합니다. 평소 뉴스를 꼼꼼히 들여다보고 여러 질문들을 던질 때 뉴스를 보는 안목을 키울 수 있고 뉴스를 비판적으로 이해할 수 있습니다.

제가 연구한 바에 의하면 뉴스 리터러시 역량이 높은 청소년일수

록 정치·사회적 참여도 활발합니다. 뉴스를 통해 사회문제나 이슈에 관심을 갖게 되고 이는 곧 기부나 청원활동 등 사회참여로 이어지는 것이죠.

자고 일어나서 핸드폰을 볼 때 날씨나 교통상황을 검색하는 경우가 많은데요. 이 책을 읽은 이상 당일의 주요 정치적 이슈나 사회문제에 대해 검색해 보는 것은 어떨까요.

둘째, 미디어를 오락적 목적뿐 아니라 정보적 목적으로도 소비할 수 있어야 합니다. 여러분들에게 미디어는 학업 스트레스를 해소하고 여가를 즐기기 위한 중요한 수단입니다. 하지만 미디어에는 중요한 정보도 많이 있습니다. 너무 오락적 목적으로 미디어를 이용할 게 아니라 학습에 필요한 정보를 찾거나 평소 관심 있는 문제에 관한 정보를 탐색할 목적으로도 미디어를 적극적으로 활용했으면 합니다. 유튜브에도 청소년 여러분에게 필요한 정보들이 많이 있습니다. 구독자 수가 어느 정도 되면서 질 높은 콘텐츠를 생산하는 유튜브를 적극적으로 활용하여 자신에게 필요한 정보를 찾았으면 합니다.

셋째, 너무 디지털 미디어에 몰두하지 않았으면 합니다. 기성세대와 달리 여러분은 자랄 때부터 디지털 기기를 이용하고 이에 익숙한 세대입니다. 온라인 공간에 너무 몰입하다 보면 시력도 나빠지고 건강에도 문제가 생깁니다. 가끔씩은 바깥에 나가서 농구도 하고 산책도 하는 게 좋습니다. 일주일에 특정 시간을 정해서 이 시간만큼은 스마트폰을 꺼놓고 생활해 보십시오. 마치 지구 불끄기 행사 때 일정 시간 불을 꺼 놓는 것처럼 말이죠.

넷째, 미디어 이용에 관한 성찰이 필요합니다. 내가 얼마나 미디어를 이용하고 있으며 나의 미디어 이용행태나 습관에 어떤 문제점이 있는지 스스로 성찰하는 시간을 가졌으면 합니다. 특히 미디어 이용 때문에 부모와 갈등을 겪은 경우 나의 행동에 잘못은 없었는지 한번 고민해 보기 바랍니다. 이같이 미디어 이용 습관을 되돌아봄으로써 미디어를 건전하게 활용할 수 있는 계기를 만들 수 있습니다.

다섯째, 뉴스를 꼼꼼히 읽을 필요가 있습니다. 우리는 정보의 홍수 속에서 살고 있습니다. 하루에도 수많은 정보들이 쏟아지다 보니 꼼꼼히 뉴스 내용을 읽지 않고 제목만 보는 경우가 많습니다. 제목이 기사의 내용을 압축적으로 전달하는 기능을 갖고 있기 때문에 제목만 보더라도 기사의 내용을 으레 짐작해 볼 수 있습니다. 하지만 클릭수를 높이거나 독자들의 흥미를 끌기 위해 제목을 다는 경우도 많아 기사 내용도 꼼꼼히 들여다 봐야 하는 것이죠.

마지막으로 디지털 미디어가 초래한 문제들을 인식하고 이를 해결하려고 하는 청소년 여러분의 참여가 필요합니다. 저는 2023년 1월 11일 교육부, 전국시·도교육청과 함께 디지털 미디어 문해교육 학생참여단 한마당 행사를 진행하였습니다. 디지털 미디어 문해교육 학생참여단의 의의는 학생들이 자발적으로 디지털 미디어 문해력 향상을 위해 다양한 활동을 전개하는 데 있습니다. 이 행사에는 전국 초·중·고에서 총 49개 동아리가 참가하였습니다. 각 동아리는 지난 일 년 동안의 성과를 결과보고서와 결과물(동영상, 카드뉴스 등)로 제출하였고 이 중 교육부 장관상 3팀, 한국청소년정책연구원 원장상 여섯 팀을 뽑았습니다. 참가한 학생들은 수업시간이나 창의적 체험활동시간을 활용하여 가짜뉴스 식별하기, 유튜브 알고리즘 영향 이해하기, 디지털 에티켓 지키기, 혐오표현이나 사이버 폭력 근절하기, 디지털 격차 해소하기 등 다양한 활동을 했습니다. 이러한 활동을 통해 디지털 미디어가 우리 사회에 미친 영향을 탐색하고 디지털 미디어가 초래한 역기능들을 해결하기 위한 실천도 모색하였습니다. 그 결과 많은 학생들이 가짜뉴스의 심각성에 대해 알게 되었다고 답했고 디지털 윤리의 중요성을 깨닫게 되었다고 언급했습니다. 저는 이러한 참여 과정이 청소년 시기에 매우 중요하다고 생각하고 있습니다. 청소년 시기는 다양한 체험활동을 통하여 정체성을 형성해가는 때이기 때문입니다.

디지털 시대에 태어난 여러분들은 아마도 평생 디지털 기기를 이용하며 살아야 할지도 모릅니다. 여러분들이 부모가 될 즈음이면 또 어떤 새로운 디지털 세상이 펼쳐질지 벌써부터 기대가 되네요. 디지털이 일상화된 세상을 살아가기 위해서는 지금부터라도 디지털 미디어에 대해 관심을 갖고 디지털 미디어가 우리 사회에 미치는 영향에 대해 고민해 보기 바랍니다.

2023년 돌풍을 일으킨 챗GPT는 이세돌과 알파고의 대결로 촉발된 인공지능의 현실화 가능성을 더욱 앞당기고 있습니다. 머지않아 학교에서 선생님으로부터 배우는 전통적인 방식의 교육은 이제 인공지능을 통해 학습하는 형태로 전환될 가능성이 매우 높습니다. 인공지능의 발달로 교육방식이나 학습방식이 획기적으로 바뀔 것으로 예상됩니다. 하지만 이러한 변화 가운데서도 필요한 것이 디지털 기술에 대한 분석적, 비판적 이해인 리터러시 역량입니다. 미래 사회에 잘 대비하기 위해서는 디지털 기술이 초래한 변화를 잘 이해하고 디지털 기술을 잘 사용할 수 있어야 합니다.

아무쪼록 이 책이 청소년 여러분의 일상을 지배하고 있는 미디어를 이해하는 데 조금이나마 도움이 됐으면 하는 바람입니다. 아울러 디지털 대전환 시대에 꼭 필요한 디지털 미디어 리터러시 역량을 기를 수 있는 초석이 되길 기대해 봅니다.

참고문헌

국가인권위원회 (2019). 혐오표현에 대한 청소년 인식조사.

국제개발협력민간협의회 (2014). 아동권리보호를 위한 미디어가이드라인.

강용철·정형근 (2022). 〈미디어리터러시, 세상을 읽는 힘〉. 서울: 샘터.

김난도 외 (2022). 〈트렌드 코리아 2023〉. 서울: 미래의 창.

김성우·엄기호 (2020). 〈유튜브는 책을 집어삼킬 것인가: 삶을 위한 말귀, 문해력, 리터러시〉. 서울: 따비.

김성호 외 (2022). 〈우리 곁에 왔던 성자: 사람에게 행복을 주는 김수환 추기경 이야기〉. 서울: 서교.

김아미 (2015). 〈미디어리터러시 교육의 이해〉. 서울: 커뮤니케이션북스.

김영주·정재민·오세욱 (2015). 로봇 저널리즘의 가능성과 한계: 호의적 평가 많지만 정확성, 신뢰성 문제 해결해야. 한국언론진흥재단 〈신문과방송〉, 11, 31-35.

김현진·김현영·김은영·최미애 (2019). 〈민주시민육성을 위한 미디어리터러시 교육방안 연구〉. 대구: 한국교육학술정보원.

김현진·이은별 (2022). 보이지만 보이지 않는 '그들': 구소련권여성관련 유튜브 콘텐츠의 재현과 수용. 〈미디어, 젠더 & 문화〉, 37권 3호, 51-92.

모상현·최용환·남미자·정건희 (2021). 〈청소년 정치참여실태와 활성화방안 연구〉. (연구보고 21-R04). 세종: 한국청소년정책연구원.

미디어리터러시 (2021). 〈뉴스읽기 뉴스일기〉 신호등 캠페인: 두 번째, 뉴스의 비판적 읽기!. 서울: 한국언론진흥재단.
URL: https://dadoc.or.kr/2997

배상률·이창호·김남두 (2021). 〈청소년 미디어 이용 실태 및 대상별 정책 대응방안 연구 Ⅱ: 10대 청소년〉. (연구보고 21-R17). 세종: 한국청소년 정책연구원.

배상률·이창호 (2021). 〈청소년 미디어 이용 실태 및 대상별 정책대응방안 연구 Ⅱ: 10대 청소년—기초분석보고서〉. (연구보고 21-R17-2). 세종: 한 국청소년정책연구원.

안도헌 (2020). 디지털 가짜뉴스에 대한 청소년의 확증편향 연구: 경북지역 고등학생을 중심으로. 〈언론과학연구〉, 20권 1호, 77-105.

양소은 (2022). 게임을 통한 허위정보대응역량 기르기. 〈미디어리터러시〉, 22 호, 55-61. 서울: 한국언론진흥재단.

이상기·정준희·이정훈·이소은 (2022). 〈코로나19백신관련 보도실태 및 개선방안〉. 서울: 한국언론진흥재단.

이은택·이창호 (2013). 〈저널리즘의 이해〉. 서울: 한국방송통신대학교 출판 문화원.

이준환·김동환 (2015). 로봇저널리즘 국내실험사례: 신속·효율성 뛰어나 과도한 기대는 아직 일러. 한국언론진흥재단 〈신문과방송〉, 11, 26-30.

이창근 (2004). '적절한 불편부당성'(due impartiality) 기준의 역사와 성격에 대하여. 〈방송문화연구〉, 16권 2호, 199-227.

이창호·정의철 (2016). 〈아동학대에 대한 언론보도의 문제점 및 개선방안 연구〉. (연구보고 16-R22). 세종: 한국청소년정책연구원.

조윤정·서성식·염경미·이은혜·임고운 (2020). 〈중학생의 생활과 문화 연구〉. 수원: 경기도교육연구원.

중앙선거관리위원회 선거연수원·중앙선거관리위원회 인터넷선거보도 심의위원회 (2019). 선거·정치 미디어리터러시 가이드북.

최진호 (2022). 뉴스신뢰하락과 선택적 뉴스회피 증가: 〈Digital News Report 2022〉로 본 한국의 디지털뉴스지형. 〈미디어이슈〉, 8권 3호. 서울: 한국 언론진흥재단.

한국언론진흥재단 (2021a). 〈2021 신문산업 실태조사〉 부록 통계표.

한국언론진흥재단 (2021b). 제15회 언론인 의식조사 〈2021 한국의 언론인〉.

한국지능정보사회진흥원 (2020). 〈스마트폰 과의존 실태조사〉. 대구: 한국지능정보사회진흥원.

허만섭 (2020). 유튜브 채널과 TV 채널의 편향성에 대한 네트워크 분석: 공수처 이슈를 중심으로. 〈디지털콘텐츠학회논문지〉, 21권 8호, 1453-1464.

황치성 (2018). 〈미디어리터러시와 비판적 사고〉. 파주: 교육과학사.

Kovach, B., & Rosenstiel T. (2001). *The elements of journalism*. 이종욱 (역) (2008). 〈저널리즘의 기본요소〉.

과학기술정보통신부 보도자료 (2020. 11. 27.). 과기정통부, 사람이 중심이 되는 「국가 인공지능 윤리기준」(안) 공개.

교육부 보도자료 (2021. 11. 24.). '2022 개정교육과정' 총론 주요사항 발표.

교육부 보도자료 (2022. 1. 18.). 2021 초·중등 진로교육현황 조사결과.

교육부·17개시도교육청·한국청소년정책연구원 (2022). 〈미디어 탐구생활 −민주시민성 주제편〉. 세종: 한국청소년정책연구원.

굿네이버스 메타버스 가이드라인 연구 (2022).
   URL: https://www.goodneighbors.kr/metaverse.gn

미디어오늘 (2022. 11. 6.). 선생님들, 이태원 참사 '미디어이용 가이드라인' 만들다.
   URL: http://www.mediatoday.co.kr/news/articleView.html?idxno=306744

미디어오늘 (2023. 7. 1.). [인공지능의 두 얼굴] 챗GPT시대, 학생들의 생각을 멈추게 하다.
   URL: http://www.mediatoday.co.kr/news/articleView.html?idxno=310938

5.18 기념재단 보도자료 (2021. 10. 25.). 2021년 청소년대상 5.18 인식조사.

방송통신위원회 보도자료 (2020. 12. 18.). 방통위, 아동·청소년 방송출연자의 건강권, 학습권 등을 보호한다.

Common sense (2019). Teaching Digital Citizens in Today's World. URL: https://d1e2bohyu2u2w9.cloudfront.net/education/sites/default/files/tlr _component/common_sense_education_digital_citizenship_research_ backgrounder.pdf

European Commission (2016). DigComp 2.0: The Digital Competence Framework for Citizens.

Hobbs, R. (2010). *Digital and media literacy: A plan of action*. The Aspen Institute.

UNESCO Bangkok (2015). Fostering digital citizenship through safe and responsible use of ICT.
URL: https://bangkok.unesco.org/index.php/content/safe-effective-and-responsible-use-ict

UNESCO Bangkok (2015). Fostering digital citizenship through safe and responsible use of ICT.
URL: https://bangkok.unesco.org/index.php/content/safe-effective-and-responsible-use-ict

UNESCO (2018). *Journalism, fake news & disinformation*. 한국언론진흥재단 (역) (2018). 〈저널리즘, 가짜뉴스 & 허위정보〉.

부 록

알아두면 좋을 미디어 이용 가이드라인

청소년을 위한 생성형 AI 사용 가이드라인

(부산광역시교육청)

금준경·박서연 (2023. 7. 1.). [인공지능의 두 얼굴] 챗GPT시대, 학생들의 생각을 멈추게 하다.

재난상황에서의 디지털 시민을 위한 미디어 이용 가이드라인
(전국미디어리터러시교사협회)

🚨 재난 상황에서
디지털 시민을 위한 미디어 이용 가이드라인

모든 이들이 미디어를 생산하고 공유하는 요즘, 재난 상황에서 미디어는 매우 중요한 역할을 합니다. 개인과 공동체의 건강을 위한 올바른 미디어 이용 방법은 무엇일까요? 전국미디어리터러시교사협회(KATOM)는 재난 상황 속 미디어 이용 가이드라인을 제안하고자 합니다.

1 반복적으로 재난과 관련된 뉴스 및 영상을 보는 것을 중단합니다.
이는 불안, 우울, 공포감을 비롯한 심리적 충격을 증대시킵니다.
필요한 정보를 얻었다면 미디어를 끄고 일상생활로 돌아갑니다.

2 비극적인 장면을 함부로 촬영하거나 공유하지 않습니다.
누군가 나에게 충격적인 영상이나 기사를 공유했다면 재생을 멈추고 해당 내용을 삭제합니다.
또는 거부 의사를 밝힙니다.

3 특히 어린이들이 직접 볼 수 있는 곳에 충격적인 장면을 공유하지 않습니다.
비극, 폭력, 사고 이미지를 접할 경우 트라우마로 남을 수 있습니다. 이미지 대신, 어린이들이
이해할 수 있는 언어로 상황을 설명하고, 공동체의 일원으로서 지켜야 할 일을 알려줍니다.

4 피해자의 사진이나 개인정보를 게재하지 않습니다.
비극적 상황에서 피해자의 개인정보는 당사자의 동의 없이 유포되기 쉽습니다.
위로나 추모의 목적이더라도 관련자의 개인정보를 노출하지 않습니다.

5 소문, 거짓 정보, 추측성 보도, 모욕적인 메시지를 생산, 공유하지 않습니다.
이러한 메시지는 재난 당사자뿐 아니라 공동체 구성원에 대한 폭력이 될 수 있습니다.

6 특정 지역, 집단에 대한 차별을 부추기는 혐오표현이 있는지 점검합니다.
혐오 메시지는 미디어를 통해 빠르게 전파되며, 사회적으로 차별을 정당화, 조장, 강화합니다.

7 댓글을 반복하여 읽거나, 다른 이용자와 불필요한 언쟁을 벌이지 않습니다.
부정적 감정 때문에 더욱 힘들어질 수 있습니다.

8 디지털 시민의식은 공동체 위기 극복에 큰 도움이 됩니다.
사고로 어려움을 겪은 이웃을 위하는 일에 참여해 봅시다. 디지털 세계에서 우리는 네트워크로 연결되어 있습니다.

9 마음을 안정시킬 수 있는 방법을 찾습니다.
심리적 어려움을 겪을 경우 도움을 받도록 합니다. [보건복지부 국가트라우마센터 ☎1577-0199, 생명의전화 ☎1588-9191]

미디어오늘 (2022. 11. 6.). 선생님들, 이태원 참사 '미디어이용 가이드라인' 만들다.

방송출연 아동·청소년 권익보호를 위한 표준제작 가이드라인

(방송통신위원회)

Ⅰ. 목 적

이 가이드라인은 방송사, 제작진, 출연자, 보호자들이 공동으로 준수해야 할 사안을 규정함으로써 방송제작 현장에서 아동·청소년 출연자의 권익을 보호하기 위함을 목적으로 한다.

Ⅱ. 용어의 정의

1. 방송사란 방송법 제2조제3호에 따른 지상파방송사업자, 종합유선방송사업자, 위성방송사업자, 방송채널사용사업자, 공동체라디오방송사업자와 「인터넷멀티미디어방송사업법」 제2조 제5호에 따른 인터넷멀티미디어 방송사업자를 말한다.
2. 제작진이란 기획, 촬영, 음향, 미술 등 방송 프로그램의 제작에 직·간접으로 참여하는 일체의 사람들을 말한다.
3. 아동·청소년이란 19세 미만의 사람을 말한다. 영유아는 6세 미만의 자를, 아동은 13세 미만의 자를, 청소년은 19세 미만의 자를 말한다.

4. 보호자란 아동에 대해서는 친권자, 후견인, 아동을 보호·양육·교육하거나 그러한 의무가 있는 자 또는 업무·고용 등의 관계로 사실상 아동을 보호 감독하는 자를 말하고, 청소년에 대해서는 친권자, 법정대리인 또는 사실상 청소년을 양육하는 사람을 말한다.
5. 출연자란 「저작권법」 제2조 제4호의 저작물을 연기·무용·연주·가창·구연·낭독 그 밖의 예능적 방법으로 표현하거나 저작물이 아닌 것을 이와 유사한 방법으로 표현하는 실연을 하는 자 또는 방송에 출연하는 일반인도 포함한다.

Ⅲ. 적용 범위

1. 이 가이드라인은 방송사가 고용한 자 또는 계약관계에 있는 프리랜서와 제작사·기획사(소속 직원과 계약자 포함) 등 제작진, 성인 출연자, 아동·청소년 출연자의 보호자 등 방송 프로그램 제작에 참여하는 자 모두에게 적용된다.
2. 이 가이드라인은 방송사 스튜디오, 외부촬영지 등 방송 프로그램이 제작되는 곳이라면 어디에서든 준수되어야 한다.

Ⅳ. 일반 원칙

1. 방송제작 전 과정에서 아동·청소년 보호는 최우선적으로 고려되어야 한다.

2. 아동·청소년 출연자의 보호는 해당 프로그램의 제작 책임자만의 문제가 아니며, 방송사·제작진·출연자·보호자 등 모든 방송 프로그램 참여자들의 공동 책무이다.

V. 제작을 위한 사전 조치

1. 아동·청소년 출연과 캐스팅

가. 근로의 최저연령은 15세이나, 방송 제작·촬영은 예술·공연 참가를 위한 경우로 예외로 적용하며 관련 법령에 따른다.

나. 아동·청소년의 출연기회와 절차는 공정하고 투명하게 이루어질 수 있도록 한다.

2. 사전 설명과 동의

가. 제작진은 아동·청소년 출연자와 보호자에게 프로그램 기획 의도, 촬영형식, 주요내용, 출연으로 인하여 예상되는 불이익 등을 충분히 설명하도록 한다.

나. 제작진은 방송 제작·촬영에 대해 아동·청소년 출연자와 보호자의 동의를 구하도록 한다. 아동·청소년과 보호자의 의견이 다르거나 아동·청소년과 보호자가 모두 동의한 경우에도 제작진은 객관적이고도 전문가적인 입장에서 방송출연 이후의 상황이나 영향을 충분히 고려하여 결정하도록 한다.

3. 계약과 보수지급

　가. 아동·청소년 출연자와 계약을 하는 경우에는 관련 법령을
　　　따르며, 제작·촬영 조건 등을 명시하여 계약서를 교부하는
　　　것을 원칙으로 한다.

　나. 아동·청소년 출연자와의 계약서에는 신체적·정신석 건강,
　　　학습권, 인격권, 수면권, 휴식권, 자유선택권 등 기본적인 인
　　　권을 보장하는 조치가 포함되어야 한다.

　다. 제작진은 아동·청소년의 의사표시에 반하는 출연 계약을 체
　　　결해서는 아니 된다.

　라. 아동·청소년은 독자적으로 출연료를 청구할 수 있으며 이
　　　경우 적절히 지급될 수 있도록 처리한다.

Ⅵ. 제작 과정과 후속 조치

1. 아동·청소년의 제작·촬영시간

　가. 아동·청소년 출연자의 제작·촬영시간은 「대중문화예술산
　　　업발전법」 제22조, 제23조 등 관련법령에 따른다.

2. 영유아 출연자 특별조항

　가. 영유아(0세부터 6세 미만) 출연자의 경우 촬영 현장에 부모 등
　　　보호자 동반을 원칙으로 하며, 이동, 대기, 촬영 등 제작에
　　　필요한 시간이 신체에 부담이 되지 않도록 특별히 유의한다.

3. 학습권, 건강권, 휴식권 등 인권 보호

가. 아동·청소년 출연자는 학습 우선의 원칙에 따라 제작·촬영 시간은 가급적 학교 수업시간과 겹치지 않도록 정하고 아동·청소년의 학습권을 보장하기 위해 노력한다.

나. 아동·청소년은 성인과 달리 쉽게 지칠 수 있으므로 신체적, 정신적 건강에 유의하여야 한다. 아동·청소년이 신체적, 정신적 건강에 이상이 있는 경우 신속하게 보호자에게 알리고 적절한 조치를 취해야 한다.

다. 제작진은 아동·청소년의 제작·촬영시간이 가급적 지연되지 않도록 노력하고 지연되는 경우 출연자와 보호자에게 충분히 설명한다.

라. 제작진은 제작·촬영하는 동안 아동·청소년에게 충분한 휴식시간, 수면시간을 보장해주어야 한다.

4. 성관련 보호 등

가. 아동·청소년은 성적 권리가 있는 하나의 인격체임을 이해하고, 성적 권리가 침해당하지 않도록 특별히 보호해야 한다.

나. 아동·청소년 출연자에게 성적인 불쾌감을 줄 수 있는 발언이나 행위, 과다한 노출행위나 지나치게 선정적인 표현행위를 강요하여서는 아니 된다.

다. 청소년유해약물, 청소년유해물건 및 청소년유해업소 등 광고에 아동·청소년 출연은 금지된다.

5. 신체접촉 및 언어표현

가. 건강과 안전 등 위급한 상황 등을 제외하고 아동·청소년 출연자에 대한 부적절한 신체접촉은 원칙적으로 금지된다.

나. 아동·청소년을 하나의 인격체로서 존중하며 그에 맞는 바른 언어를 선택하여 사용한다. 아동·청소년 출연자에게 동기부여 등을 이유로 과도한 충격, 공포, 불안감을 조성하는 폭력적인 언어표현은 정당화되지 않는다.

다. 아동·청소년 출연자에게 나이, 성별, 장애, 인종 혹은 국가, 종교, 성적 정체성 등을 이유로 차별적 언행을 하여서는 아니 된다.

6. 재연이나 극 출연

가. 성폭행 등 범죄 장면을 연출할 경우 아동·청소년에게 피해자 또는 가해자의 배역을 시키지 않는 것을 원칙으로 하며, 내용전개상 불가피하게 배역을 시킬 경우 아동·청소년 출연자가 공포나 불안 등을 느끼지 않도록 극 연출의 의도와 상황을 충분히 설명한다.

나. 아동·청소년의 신분으로 부적합한 장소에 출입하는 것을 긍정적으로 묘사하는 장면, 아동·청소년의 흡연·음주 장면 등은 방송심의규정으로 금지된다. 제작 현장에서 아동·청소년에게 흡연·음주 문화가 일상적인 상황인 것으로 인식하지 않도록 설명한다.

7. 인터뷰 출연

가. 아동·청소년 출연자와 보호자에게 인터뷰를 위한 동의를 얻기 위해서는 다음을 확인한다.

  1) 아동·청소년 출연자와 보호자가 인터뷰의 목적과 성격을 알고 있는가?

  2) 아동·청소년 출연자와 보호자가 인터뷰에 출연함으로써 발생할 수 있는 결과를 이해하고 있는가?

나. 아동·청소년들이 솔직하게 의견을 표현하지 못하거나 정서적으로 불안할 수 있는 만큼 그들 자신의 의견을 있는 그대로 말할 수 있도록 세심하게 배려한다.

다. 아동·청소년과 인터뷰하는 경우 제작자가 원하는 방향으로 답변을 유도해서는 아니 되며, 그들의 의견을 왜곡하여 방송해서는 안 된다.

라. 아동·청소년이 범죄사건에 관련된 경우 아동·청소년과 보호자가 동의했다고 하더라도 반드시 직접 인터뷰가 필요한지 숙고해야 한다. 인터뷰 동의를 얻었더라도 필요 이상으로 범죄사실을 구체적으로 기술하도록 하여 아동·청소년에게 공포, 불안 등 정서적으로 힘들게 하는 질문들은 하지 않는다.

Ⅶ. 안전과 보호

1. 안전과 사이버 괴롭힘

가. 방송 제작 현장에서 아동·청소년 출연자의 안전은 프로그램 제작보다 우선한다.

나. 아동·청소년이 단체로 출연하는 경우 안전사고의 위험이 크기 때문에 인솔자나 안전담당자를 두도록 하고, 아동·청소년 출연자가 정서적, 물리적으로 안전한 상황에서 제작촬영에 참여하도록 해야 한다.

다. 아동·청소년이 방송 출연으로 인해 사이버 괴롭힘, 악성 댓글 등으로부터 피해를 받지 않도록 유의해야 한다. 사이버 괴롭힘 등 피해가 우려되거나 발생한 경우 신속하고도 적절한 조치를 하여 아동·청소년 출연자를 최대한 보호하도록 노력한다.

2. 사생활보호 등

가. 아동·청소년 출연자에 대한 일체의 정보 노출로 그들이 위험에 처하지 않도록 유의해야 한다.

나. 성명과 초상을 공개하지 않더라도 주변 상황이나 맥락으로 아동·청소년이 누구인지 신원이 밝혀질 수 있다는 점을 고려하여 음성, 화면을 통해 학교, 거주지 등 장소나 사람이 특정되지 않도록 유의해야 한다.

VIII. 제작진의 책임과 의무

1. 제작진은 아동·청소년 출연자의 권익 침해 사실을 안 경우 피해자를 보호하기 위해 신속하고도 적절한 조치를 취해야 한다.
2. 제작진은 필요하다고 판단하거나 출연자가 요청하는 경우 아동·청소년 전문가의 자문을 받을 수 있다.
3. 제작진은 아동·청소년 보호문제를 결정하는 데 어려움을 겪을 수 있다. 판단이 어려운 경우 담당 부서장이나 책임자에게 상의하고 도움을 받을 수 있다.

IX. 시행일 및 재검토 기한

1. (시행일) 이 가이드라인은 2021년 1월 18일부터 시행한다.
2. (재검토 기한) 이 가이드라인은 2021년 2월 1일 기준으로 매 3년이 되는 시점(매 3년째의 1월 31일까지를 말한다.)마다 그 타당성을 검토하여 개선 등의 조치를 취한다.

방송통신위원회 보도자료 (2020. 12. 18.)